SILVIA FOLLMANN

A Single Woman

GOLDMANN
Lesen erleben

Das Buch

»Man kann auch ohne Paarbeziehung glücklich sein.
Liebe gibt es nicht nur zu zweit.«

Edition-F-Redaktionsleiterin Silvia Follmann räumt auf mit
gängigen und vollkommen überholten Klischees
rund um den weiblichen Single – denn es gibt mehr
als nur ein Glücksprinzip!

Silvia Follmann

A Single Woman

Ein Plädoyer für Selbstbestimmung
und neue Glückskonzepte

GOLDMANN

Originalausgabe

Sollte diese Publikation Links auf Webseiten Dritter enthalten,
so übernehmen wir für deren Inhalte keine Haftung,
da wir uns diese nicht zu eigen machen, sondern lediglich auf
deren Stand zum Zeitpunkt der Erstveröffentlichung verweisen.

 Dieses Buch ist auch als E-Book erhältlich.

FSC
MIX
Papier aus verantwor-
tungsvollen Quellen
FSC® C083411
www.fsc.org

Verlagsgruppe Random House FSC® N001967

1. Auflage
Originalausgabe März 2019
Copyright © 2019 by Wilhelm Goldmann Verlag, München,
in der Verlagsgruppe Random House GmbH,
Neumarkter Straße 28, 81673 München
Umschlaggestaltung: UNO Werbeagentur, München,
unter Verwendung eines Motivs von
© FinePic®, München
Lektorat: Doreen Fröhlich
DF · Herstellung: kw
Satz: Uhl + Massopust, Aalen
Druck und Einband: CPI books GmbH, Leck
Printed in the Czech Republic
978-3-442-14246-0
www.goldmann-verlag.de

Besuchen Sie den Goldmann Verlag im Netz:

Für alle,
die ihre Geschichte vom guten Leben
selbst erzählen wollen.

Inhalt

Vorwort

Als Frau kann man heute vieles, aber eines ganz sicher nicht: ungestört Single sein. Denn noch immer wird einem ohne eine Paarbeziehung ganz schnell das Label der Einsamkeit und der großen Suche um den Hals gehängt, als könne es gar nicht anders sein. Wieso haben wir uns nicht längst von der kruden Idee verabschiedet, dass das Single-Dasein auf jeden Fall ein Zustand des Mangels oder des Wartens ist? Wieso glauben wir immer noch so fest daran, dass wir ohne romantische Beziehung kein gutes Leben haben können?

Ich dachte lange Zeit, wir hätten dieses Klischee der Single-Frau als Mängelexemplar längst hinter uns gelassen, wären so frei in unseren Lebensentscheidungen und Lebensläufen, wie wir gemeinhin erwarten zu sein – wer sollte uns schon aufhalten, wer uns einschränken? Bis ich das bereits verschwunden geglaubte Label in meinen Zeiten als Single doch aufgedrückt bekam und mir von genau dieser Erfahrung in den unterschiedlichsten Varianten immer wieder erzählt wurde. Von ganz jungen Frauen, von Frauen in meinem Alter, von Frauen, die älter als ich sind. Es brauchte gar nicht mehr den Moment, in dem kürzlich eine sehr viel jüngere Kollegin zu mir sagte: »Ich bin bereit viel zu ertragen, aber ich will niemals als Alleinstehende enden.« Oder eine Frau um die 50 mir zu dem Thema meines Buches zurief: »Single-

Frauen sind ab einem bestimmten Alter irgendwie alle vollkommen verrückt, total fernab der Realität.« Wessen Realität das ist, wird noch zu ergründen sein. Denn genau das sind die Aussagen, die viele Single-Frauen auch heute noch verbinden, selbst wenn sie ansonsten komplett unterschiedliche Leben führen. Es sind Erfahrungen, die uns an Stereotype binden und vollkommen ausblenden, wer man ist, wie man lebt, was man will und was einem zusteht – nämlich frei zu sein in dem, was man tut und fühlt. Diese Stereotype nehmen Frauen oft derart in Beschlag, dass sie ganz vergessen, sich auf ihre ureigenen Bedürfnisse zu konzentrieren. Dass sie vergessen, sich zu fragen: Will ich da überhaupt reinpassen?

Wenn ich in meinem Bekanntenkreis davon erzählte, dass ich ein Buch über Singles schreibe, kam fast immer die erstaunte Frage: DU schreibst einen Ratgeber für Singles? Was ich natürlich vehement verneinen musste, ich bin schließlich weder Psychologin noch Therapeutin, noch habe ich das Gefühl, dass Singles wirklich Rat gegeben werden muss. Schließlich hat man es dabei nicht mit einem Ausnahmezustand zu tun. Und doch scheint ein Ratgeber im ersten Moment das Logischste zu sein, das man zum Thema Single-Leben zum Besten geben kann. Aber nein, ich schreibe nicht, was zu tun ist, um da rauszukommen, sondern in verschiedenen Episoden über die Gefüge und Situationen, in denen man sich selbst als Single als mangelhaft begreifen kann, wer und was zu diesen Gefühlen beiträgt, wieso sich das Leben ohne Beziehung manchmal vollkommen zu Unrecht schlecht anfühlt und warum es das oft nicht müsste, wenn unsere Gesellschaft nicht so auf die Idee von (Lebens-)Glück fixiert wäre, die mit Paarbeziehungen zusammenhängt. Und es wäre auch häufig nicht notwendig, wenn wir uns selbst mehr trauen würden, uns selbst ein wenig mehr *ver*trauen würden. Unsere Liebesbiografien und unser Datingverhalten ändern sich eben mit der Welt, die sich verändert, und mit einer Gesellschaft, die im Wandel ist. Die Krux dabei ist: Unsere Erwartungen an die (romantische) Liebe, wie und wo sie wartet, dass sie auf jeden Fall wartet und wie sie auszusehen hat, die verändern sich offensichtlich nicht. Ebenso wenig wie die meisten Ratschläge dazu, wie wir auszusehen oder uns zu verhalten haben, um Liebe überhaupt zu verdienen. Aber wenn Single zu sein zeitgleich normal, ja, selbstverständlich zu sein scheint und doch noch immer bei jeder sich bietenden Gelegenheit zum prekären Zustand erklärt wird, dann führt das zu einer Schräglage und einem Tauziehen um die Deutungshoheit über das geglückte Leben mit uns selbst und den anderen.

All das hängt, ganz gleich, welches Leben wir uns heute für uns selbst eingerichtet haben, unweigerlich mit dieser einen Erzählung zusammen, die in unserer von traditionellen Rollen- und Beziehungsbildern immer noch selig besoffenen Gesellschaft allzu gerne weitergetragen wird und die erst einmal so herrlich ungefährlich, ja, wohlig warm ist und sich als einziger Entwurf unseres Lebens selbstverständlich anfühlt: Frau findet Mann, sie finden sich toll, sie heiraten und bekommen 1,6 Kinder – Happy End, fertig. Das ist das Leben, auf das es im besten Falle hinauslaufen soll. Das ist das höhere Ziel, auf das es noch immer hinzuarbeiten gilt. Das Zusteuern auf und das anschließende Halten einer Paarbeziehung wird noch immer als die universale Glücksformel gehandelt und so eine (hierarchische) Ordnung aufrechterhalten, die Singles zu den Rosinen im Gesellschaftsstollen machen – ob sie da wirklich hineingehören oder man lieber einen ohne will, wird immer Stoff für Diskussionen sein.

Aber diese Geschichte können oder wollen heute immer weniger Menschen erzählen, schon gar nicht in der Stringenz, die der romantischen Liebe immer wieder abverlangt wird, damit sie wahr, groß und gut sein darf – etwa 40 Prozent der Menschen in Deutschland leben allein[1], knapp 17 Millionen Menschen sind nicht in einer festen Beziehung[2], Beziehungen haben insgesamt eine kürzere Halbwertszeit als früher, und die Scheidungsrate liegt derzeit bei rund 40 Prozent.[3] Das ist auch kein deutsches Phänomen, überall auf der Welt sind Menschen länger Single, heiraten später und bekommen später Kinder. Statt diese Entwicklung negativ zu betrachten, könnte man auch sein Gutes darin sehen. Denn Beziehungen, die nicht guttun, werden offensichtlich schneller beendet, und Liebeleien, die kurzweilig sind, aber keine Basis haben, führen wahrscheinlich gar nicht erst in eine. Oder Kompromisse, die einzugehen sich nicht gut anfühlen würde, werden schlicht nicht mehr geschlossen. Doch statt diese positiven Aspekte zu betonen, ist fast immer von Beziehungsunfähigkeit, Unentschlossenheit und Vereinsamung die Rede, denn wir sind eben die unsägliche Generation Y. Als wäre diese Zuschreibung nicht schon schlimm genug. Die Veränderung geht, gerade global gesehen, aber auch mit der steigenden Bildung einher – gerade bei Frauen! Und sie hängt außerdem mit ökonomischen Faktoren zusammen,

---

1 Statistisches Bundesamt, 2017.
2 Deutschlands Single-Studie, durchgeführt von Elitepartner, Parship und Innofact AG, 2018.
3 Statista, Scheidungsrate 2017: https://de.statista.com/statistik/daten/studie/76211/umfrage/scheidungsquote-von-1960-bis-2008/

denn in vielen Ländern können sich junge Menschen weder Heirat, noch den Auszug von zu Hause, noch ein Kind leisten.[4] Und das wiederum ist dann gar nicht positiv, weil nicht selbstbestimmt gewählt – das wird aber durch den sozialen Druck, den man als Single so oder so erfährt, nicht besser. Vielen Menschen, das finden zumindest Mutter, Onkel Heinrich, Kolleginnen und Kollegen oder der Taxifahrer, der uns nach Hause fährt und sich über den Beziehungsstatus austauschen will, fehlt also aus verschiedenen Gründen immer häufiger und immer wieder eben jene Paarbeziehung, um ihrem Leben endlich echte Substanz zu verleihen. Trostlos sind dabei gerade wir Frauen, denn wir verschenken unsere saftigen Jahre, weil wir uns nicht genug anstrengen, uns zu sehr auf den Job konzentrieren, zu wählerisch, zu egoistisch oder nicht schön zurechtgemacht sind – oder nicht oft genug gelächelt haben. Es gibt immer jemanden, der so tut, als sei es die gottgegebene Aufgabe der Frau, stets auf die romantische Liebe hinzuarbeiten. Und natürlich auf eine eigene Familie.

Immer wieder habe ich darüber gelacht und gefragt: Was hat euer Problem mit dem Thema mit meinem Single-Dasein zu tun? Und doch ist es eben schwer, in einem System zu leben, in dem Singles stigmatisiert werden – und davon frei zu sein. Frei von Zweifeln zu sein. Denn wie man sich fühlt und was man überhaupt fühlt, hat doch meist sehr viel mehr mit der eigenen Umgebung – oder mit der Annahme von der eigenen Umgebung – zu tun, als dass es ausschließlich

---

4 Being single in your 30s isn't bad luck, it's a global phenomenon, Quartz, Nov. 2018: https://qz.com/1443640/being-single-in-your-30s-isnt-bad-luck-its-a-global-phenomenon/?utm_source=qzfb&fbclid=IwAR2LbIvRlj4VDceBK-BdFAyNV8C5l4gReMg0wChTv_NA3Yd2T-y-lDabwEs.

uns selbst entspringt. Und das ist auch heute noch in vielen Punkten eine Gesellschaft, die in Bezug auf ihr Frauenbild noch immer Jahrzehnte hinter dem hinterherjapst, was sein könnte – und manchmal sogar durch einen antifeministischen Backlash, der bereits Erkämpftes wieder infrage stellt, bereitwillig wieder in das Alte zurückfällt. Das trägt auch dazu bei, dass man vielleicht selbst oft noch mit alten Rollenbildern kämpft, nicht davon loskommt, weil manchmal noch nicht ganz klar ist, wer man ohne diese Label eigentlich ist. Und das kann auch ein Selbstbild formen, das gar nicht zum eigenen Leben passt. Bin ich wirklich die Frau, die gerade oder generell nach einer Beziehung sucht? Oder die Frau, die auf keinen Fall eine will? Oder die Frau, der das alles eigentlich egal ist, mal sehen, was kommt? Aus diesem innerlichen Ringen entsteht nicht selten eine Selbstwahrnehmung, die mit den eigenen Wünschen und Bedürfnissen kollidiert und so ein Scheitern manifestiert, das keines ist. Doch genau diesem falschen Scheitern auf die Spur zu kommen, darum soll es in diesem Buch gehen.

Denn ein Leben als Single beschreibt eben nicht zwingend ein Leben mit einer Lücke. Weil Menschen nicht auf sozialen Inseln leben, zu der Liebe und Zufriedenheit nur durch eine exklusive Paarbeziehung vorstoßen kann. Single zu sein ist kein Lebensmodell, mit dem man ernsthafte äußerliche Bedrohungen zu fürchten hat – zumindest, wenn man an dieser Stelle etwa das Armutsrisiko von Alleinerziehenden ausklammert –, vielmehr aber doch innere Bedrohungen aus einem selbst, die verborgener sind, kleiner scheinen, aber deshalb nicht weniger wesentlich sind. So wesentlich wie die verdammte Luft zum Atmen. Nämlich jene Gefühle, die infrage stellen, wer wir sind und welches Leben wir führen wollen. Und auf der Suche danach, wie sich das Ich ohne diese inneren Bedrohungen ausdrücken und leben lässt, rennt man häufig immer wieder an mentale Mauern, von Zuschreibungen und dem durch andere geprägten Selbstbild, die dann verbergen, was Realität ist: Single zu sein ist genauso gut, wie nicht Single zu sein. Ist genauso richtig und falsch, genauso lebenswert.

Ich schreibe all das aus meiner Sicht auf das Single-Leben, auf die Liebe und die Erwartungen an Frauen und damit aus der einer heterosexuellen, weißen cis Akademikertochter, was zugegeben eine verdammt bequeme Perspektive ist[5]. Und wenn Menschen mit dieser Perspektive die Zustände schon so den Nerv rauben, wenn sie durch diese engen Strukturen schon so sehr einem gesellschaftlichen Regelwerk ausgesetzt werden, das oft mehr in die Irre als nach vorne führt, dann kann man sich im Ansatz ausmalen, wie das für jemanden ist, der nicht mit diesen meinen Schubladen dienen kann – was nur einmal mehr zeigt, warum sie ausgedient haben müssen und warum wir grundlegend neue Definitionen brauchen, und zwar ganz viele davon. Das Ich im Buch bin dabei ich, es sind aber auch all die Frauen und ihre Geschichten, die mich umgeben, denen gesagt wurde, sie könnten alles sein, was sie wollen, die sich selbst sagten, sie könnten das – bis der Klaps auf den Hinterkopf kam oder sich dieses ungute Gefühl im Magen breitmachte, dieses unbestimmte Wissen, dass man so, wie man ist, doch nicht in diese Gesellschaft passt. Oder die Gesellschaft nicht zu einem selbst.

---

5 Ist von Frauen oder Männern in Bezug auf bestimmte körperliche (Geschlechts-) Merkmale die Rede, geht es um cis Frauen und cis Männer. Als cis Frau oder cis Mann werden diejenigen bezeichnet, deren Geschlechtsidentität dem Geschlecht entspricht, das ihnen bei der Geburt zugewiesen wurde.

Und sollte der Gedanke aufgekommen sein: Das hier ist kein Buch, in dem gegen die Liebe oder Beziehungen angeschrieben wird – ganz im Gegenteil. Es geht vielmehr darum, dass wir alle ganz selbstverständlich glücklich Liebende in einer Beziehung sein können, aber ebenso auch glücklich und mit der Liebe Verbundene, ohne eine Paarbeziehung zu führen. Und es geht darum, dass Einsamkeit nicht nur und manchmal noch viel weniger auf uns wartet, wenn wir nicht in einer Paarbeziehung sind. Sobald man mit sich selbst glücklich sein kann, streicht man auch die Angst aus seinem Leben, und wenn die Angst geht, wartet Freiheit.[6] Die Freiheit, die gelernten Geschichten über das Single-Dasein hinter sich zu lassen und seine eigene zu schreiben.

6   Vgl. Interview mit Ulrike Stöhring bei *Edition F.* https://editionf.com/Interview-Ulrike-Stoehring-Vielen-Dank-fuer-alles-Trennung-Buch

1.

Die Familienfeier:
Oder wie ich begriff:
Um Singles muss man sich
Sorgen machen

Ich hätte es sehen kommen müssen, ich war schließlich auf einer Familienfeier, der Brutstätte vielen Unsinns. Aber die Feier war noch ganz am Anfang und daher der Moment noch fern, an dem der Alkohol derbe Witze und komische Tanzeinlagen zutage fördert oder jemand dramatisch heulend den Raum verlässt – also die kleine Eskalation, die endlich Schwung in die Sache bringt. Schade eigentlich, denn sich nur immer wieder den Teller mit Bockwurst und Kartoffelsalat aufzufüllen und nett Menschen zuzunicken, die einem längst fremd geworden sind, bringt einen ja auch nicht über den gesamten Abend. Aber wenn ich gewusst hätte, was danach kommt, hätte ich es sicher nur zu gerne dabei belassen, meine Stunden ohne menschliche Interaktion und ausschließlich mit Mayo-Mariniertem zu verbringen.

Denn auf einmal dröhnte es mir über die Schulter: »Na, wo ist dein Glücklicher?« Mein Onkel setzte sich mit einem dicken Grinsen im Gesicht an den Tisch, und ich nuschelte noch mit dem Wurst-Kartoffel-Gemisch im Mund: »Gibt's nicht.« »Was hast du gesagt?« Er schaute mich mit kritischem Blick an. »GIBT'S nicht!«, rief ich lauter, und möglicherweise flog dabei etwas halb Zerkautes durch die Luft. Ein gequälter Ausdruck machte sich auf seinem Gesicht breit, und seine Rede von: »Du bist doch so hübsch, mach es den Männern doch nicht so schwer, langsam musst du dich wirklich mal ranhalten!« begann schneller, als ich mir wieder eine volle Gabel in den Mund packen konnte, um diese Konversation zu unterbinden. Vielleicht hätte ich sie besser ihm reinstecken sollen. Ganz tief in den Rachen. Aber schon meinte ich meine Mutter am anderen Ende des Tisches seufzen zu hören. Es ist ein leidiges Thema zwischen uns. Möglicherweise quietschte aber auch nur der Stuhl unter meinem Körper, der mittlerweile zum Gefäß für gefühlt zwei Kilogramm Kartoffelsalat geworden war. Wie auch immer, die Situation wurde jedenfalls nicht besser. Alles, was mich jetzt noch retten konnte, wäre, wenn endlich jemand anderes die Rolle des Clowns übernimmt – alles eine Zeitfrage, wie ich meine Familie kenne. Aber auch das kam anders: Denn ich blieb der Clown, einfach nur weil ich Single war.

Ich war damals etwa 24, am Ende meines Bachelorstudiums, und mir ging es prächtig – doch wie der verlässliche Buschfunk es mir nach dem Fest zutrug, war ich diejenige in der Familie, um die man sich am meisten Sorgen machte. So schnell kann's gehen. Wäre ich mit einem Mann aufgetaucht, hätte ich wahrscheinlich auch von Arbeitslosigkeit und einer Heroinsucht erzählen können, und trotzdem wären alle zufrieden mit mir gewesen. Endlich unter der Haube, das alte Mädchen, wurde aber auch Zeit. Dass mein Jahre älterer Bruder zur gleichen Zeit auf der gleichen Feier vollkommen unbehelligt sein Single-Dasein thematisieren konnte –

das hat mich damals vielleicht verwundert, heute tut es das längst nicht mehr. Denn wenn ich eines gelernt habe, dann das: Um Single-Frauen muss man sich Sorgen machen. Und mit dieser Erkenntnis war ich leider nicht allein.

2.

Das große Scheitern:
Weiblich, alleinstehend,
um die dreißig

Wie sehr hängt die Liebe mit einem guten Leben zusammen? Wahrscheinlich nicht so, wie gemeinhin angenommen wird. Vor ein paar Jahren wurde ich auf einer privaten Feier Zaungast einer absurden Szene, als ich aus Mangel an Unterhaltung eine Gruppe bei ihrem Gespräch belauschte. Ganz offensichtlich hatte man sich länger nicht gesehen, und nach dem großen Hurra erzählte eine Frau aus der Runde, ich schätzte sie etwa Anfang/Mitte 30, von einem spannenden Job bei einer NGO, davon, wie viel sie die letzten Jahre rumgekommen ist und was sie alles erlebt hat. Alle hörten ihr gespannt zu, ich im Übrigen auch, bis sie schließlich gefragt wurde, wie es denn wohl so um ihr Liebesleben stünde – das sei doch recht schwierig, wenn man so viel unterwegs ist. »Ich bin Single«, antwortete sie und setzte zu einem anderen Thema an. Doch weiter kam sie gar nicht, denn obwohl sie offensichtlich ganz zufrieden mit ihrem Dasein war, sahen die Blicke der anderen eher danach aus, als hätte sie laut »gescheitert!« gerufen und angefangen, Rotz und Wasser zu heulen. Traurigkeit legte sich plötzlich und lähmend wie eine

Käseglocke über den Kreis, Mitleid mischte sich bei, und schnell warf jemand schützend den Arm um sie und sagte: »Hey, der richtige Mann wartet noch auf dich, ist ja kein Ding.« Sie, sichtlich irritiert, nickte einfach nur. Jetzt nicht noch mehr auffallen, dachte sie sich vielleicht, das Thema schien alle unangenehm zu berühren. Vielleicht war es aber auch das ehrliche Mitgefühl, das ihr die Luft aus den Wangen zog, die sie möglicherweise schon für den Angriff in ihnen gesammelt hatte. Denn einen offenen Angriff kann man verteidigen, einen nett gemeinten Tiefschlag dagegen wesentlich schwerer kontern. Es fehlte eigentlich nur noch, dass der Rest der Partybesucher still wird, sich gerade noch hörbar ins Ohr raunt, wie furchtbar das sei, und eine Rettungsgasse für den Sanitäter bildet, der diese arme Frau abführt: Ab in die Single-Quarantäne. Wider Erwarten ging die Party dann doch ganz normal weiter, zurück blieb jedoch ein weiteres Mal das schale Gefühl, dass eine Frau, die einfach »nur« ein feines Leben und vielleicht auch noch einen guten Job, liebe Freunde und eine nette Familie hat, immer noch nicht ausreicht, um als jemand wahrgenommen zu werden, der im Leben etwas erreicht hat, oder als eine Frau, der es gut geht. Als Single, so offensichtlich das kollektive Einvernehmen, muss man traurig sein, das ist wichtig. Also traurig kucken, Schultern hängen lassen und viel seufzen, es muss schon für alle erkenntlich sein, dass man den Ernst der Lage durchaus verstanden hat. Außer man ist zu jung für eine Beziehung. Oder man ist ein Mann, ganz gleich in welchem Alter. Denn während die auch als Single seit jeher das aufregende Label des Lebemannes und des einsamen Wolfes für sich gepachtet haben, sind wir Frauen damit die alten Jungfern, die ungebumsten Karrieristinnen – wahlweise auch die Lesben oder die sexy, aber auch dennoch leicht krankhaft Suchenden, die sich durch die Betten wühlen, um endlich mal wieder etwas zu spüren, wenn sie zu allein sind. Wir haben also entweder keinen abbekommen, sind frigide und machtgeil, sind sexuell nicht an Männern interessiert oder werden auf die Psychoschiene abgeschoben. Es braucht für Menschen ohne Beziehung immer eine Erklärung für das Single-Dasein, und die fällt sehr gern sehr blumig aus. Auf diese Zuschreibungen muss man als Single-Frau auch nicht lange warten, die fliegen einem gerne schon ab Mitte 20 zu und nehmen von Lebensjahr zu Lebensjahr wildere Ausmaße an. Die Uhr tickt schließlich. Ich kenne Frauen, die sich für Situationen wie jene auf der Party, die ja genauso beim Abendessen zu Hause oder auf dem Büroflur entstehen, sogar Scheinfreunde zulegen oder aber erzählen, sie seien gerade aus einer Beziehung raus und noch nicht so weit, und dann, ihr ahnt es, traurig kucken – nur um bei dieser Seifenoper wenigstens selbst die Fäden in den Händen zu halten. Was sie so natürlich nicht tun, denn letztlich ist auch das nur ein Handeln im vorgegebenen Rahmen, diesmal eben durch einen kleinen Beschiss, der aber die Erwartung an uns Frauen nur weiter zementiert.

Wie kommen wir darauf, dass Frauen, ganz gleich, was sonst in ihrem Leben geschieht, nur in einer Beziehung ein gutes Leben führen können? Frauen, so will es das patriarchale Gesetz, gehören zu jemandem, der sie komplettiert. Dem Elternhaus entwachsen ist es dann ein Mann oder ein Kind, am besten beides. Frauen sind Objekte, die einem Subjekt zugeordnet werden müssen, denn ein alleinstehendes Objekt, das wartet gemeinhin darauf, endlich eingesammelt zu werden – ob beim Sperrmüll oder auf dem Datingmarkt. Mit jedem weiteren Jahr, das man mit dieser »Bürde« verbringen und in dem man die anderen mit seiner Single-Existenz belästigen muss, werden die traurig oder skeptisch auf uns blickenden gesellschaftlichen Augen größer, bis sie irgendwann nervös zu blinzeln anfangen, weil eine Single-Frau zu unangenehm geworden ist. Dann schweigt die Gesellschaft den Single-Status mit Betroffenheit aus – spätestens dann, wenn die Frau nicht mehr gebärfähig ist. Keine traurigen Blicke mehr auf den Platz neben uns, wo eine mannsgroße Lücke klafft, keine mehr auf unser Herz, das mit Sicherheit verkümmert, sondern verstohlen auf die untere Mitte unseres Rumpfes, in dem nun nie mehr ein Kind wachsen wird. Blicke, die wir ja durchaus auch fähig sind, uns selbst zuzuwerfen. Einzige Ausnahme scheint ein Sonderstatus: Als Witwe ist es okay, allein zu sein und allein zu bleiben. Ist es sogar fast besser, allein zu bleiben, da man sonst vielleicht noch Verrat an jemandes Liebe begeht. Wer also wenigstens den Schatten seines verstorbenen Mannes mit sich trägt, steht gesellschaftlich wesentlich besser da als jene, die glücklich allein sind (oder wenigstens halb glücklich sind und niemanden betrauern müssen) – auf so verquere Ideen muss man erst einmal kommen! Es wäre ja fast schon auf eine niedliche, weil so aberwitzige Weise restriktiv, ja, naiv-dramatisch, wenn diese Haltung nicht auf dem Rücken so vieler Frauen ausgetragen würde, die sich dadurch infrage stellen. Die infrage stellen, ob sie allein wirklich genug sein können, »nur« weil es ihnen damit gut geht.

Waren wir da nicht eigentlich schon viel weiter? Zumindest sagen wir uns das gerne jeden Tag. Sagen uns, dass der stereotype Lebensentwurf von der stringenten Liebeslaufbahn gen Heirat und einem bis ein paar Kindern ja wirklich nur noch eine Option und kein Muss mehr ist. Dass wir heute als Frau doch so frei sind. Aber frei, vor allem frei von Rollenbildern, von gesellschaftlichen Zwängen und Erwartungen, die vor allem unser Geschlecht betreffen und nicht uns als Menschen, das sind wir eben dennoch noch lange nicht. Oder wie sagte meine Kollegin einmal so schön: Wenn du ins Berufsleben einsteigst, dann bist du nach drei Monaten Feministin. Im Privatleben dauert es sicherlich ein paar Jahre länger, und vielleicht mag man sich auch nie dieses Label geben, auch gut – aber spätestens mit der dritten Familienfeier, auf der man sich besorgte Nachfragen nach dem Liebesleben gefallen lassen muss, wenn Kolleginnen und Kollegen bei einer Mittdreißigerin schockiert auf die Nachricht reagieren, dass sie »schon« fünf Jahre Single ist (oh weh, doch nicht in den Dreißigern, in denen man gemeinhin eine Familie gründet, die Arme!), oder eben nach ein paar Partybegegnungen jener Art und vielleicht auch noch ein paar Gesprächen mit der eigenen Mutter, kommt man auf den Trichter, dass eine Frau ohne eine »starke Schulter« an der Seite, ohne einen festen Partner im Leben, ganz sicher vieles sein kann, aber nicht auf dem rechten Weg.

Die Konfrontation mit dem aufgedrückten Mangel ist früher oder später leider unumgänglich, denn es ist ja neben den viel erwähnten Verwandten, die in diesem Zusammenhang eine bestimmte Lebensart von ihrem Nachwuchs erwarten, nicht selten auch ein Freundeskreis, in dem viele diese eine Idee vom »glücklichen, normalen« Leben eingeatmet und bis in ihr Innerstes haben vordringen lassen. Zumindest, wenn man nicht in Berlin-Mitte wohnt, und selbst da ist nicht alles so liberal, wie es auf den ersten Blick scheint. Natürlich kann das Leben als Single auch durchaus manchmal schmerzhaft sein, ohne dass vermeintlich jemand anderes als man selbst an diesen Gefühlen beteiligt ist. Nämlich dann, wenn Sehnsüchte anklopfen, diese irrwitzige Angst nachts ganz plötzlich von allein in einem hochkriecht, nicht genug zu sein, um geliebt zu werden, und die drohende Dystopie einer Zukunft als Katzenlady allzu real zu werden scheint. Sowieso ein interessantes Bild, das immer wieder herausgeholt wird und für all jene Frauen steht, die auf dem Weg ins Alter, alleinstehend und kinderlos, natürlich verrückt geworden sind. Und, wie könnte es anders sein, sich Ersatzliebe bei einer Horde Katzen holen müssen, die sie bemuttern dürfen. Es ist die in die Popkultur übersetzte Lehre, die Frauen kultur- und religionsgeschichtlich lange ziehen mussten, wenn sie sich ihrer traditionellen Rolle verwehrten: Auf sie wartet nichts Gutes. Wobei ja auch grundsätzlich die Frage zu stellen wäre, ob ein Dasein mit vielen niedlichen Katzen wirklich so eine schreckliche Zukunftsvision wäre. Aber die Lehre, dass in Selbstbestimmung eine Gefahr liegt, hat sich für viele Frauen im Laufe der Geschichte immer wieder gezeigt. Über vier Frauenfiguren der neueren Geschichte, denen es so erging, hat die niederländische Philosophin und Literaturwissenschaftlerin Connie Palmen ein interessantes Buch geschrieben. »Die Sünde der Frau«[7] handelt vom Mechanismus, der sich für Frauen abspielt, die sich gesellschaftlichen Konventionen entziehen. Sie erzählt davon am Beispiel von Marilyn Monroe, Marguerite Duras, Jane Bowles und Patricia Highsmith, die auf ebendiese gepfiffen haben. Als Kunst-

---

7 Connie Palmen: »Die Sünde der Frau. Über Marylin Monroe, Marguerite Duras, Jane Bowles und Patricia Highsmith«, aus dem Niederländischen von Hanni Ehlers, Diogenes Verlag, Zürich 2018.

figuren wagten sie damals jede für sich, »die Schranken des Anstands, ihres Geschlechts und der herrschenden Moral«[8] zu durchbrechen. Aber der Preis der Selbstbestimmung und das Auflehnen gegen eine patriarchale Ordnung war auch der der Selbstzerstörung, wie Palmen es beschreibt. Sie flohen aus einer Welt, die männlich dominiert war und in der sie nicht die sein konnten, die sie sein wollten.[9] Aber muss es auch noch heute zu diesem inneren Kampf kommen, wenn man sich durch das schiere Single-Dasein schon gesellschaftlichen Konventionen entzieht? Muss es auch heute noch zu einer inneren Zerrissenheit führen, wenn man kein Leben in einer Paarbeziehung führt und so aus dem traditionellen Lebensweg ausschert? Ich weiß nicht, ob man es muss, aber Fakt ist, manchmal entsteht dieses (zerstörerische) Ringen mit sich. Doch die Frage ist: Was passiert in diesen schmerzhaften Momenten mit einem selbst, in denen man sich als Single auf einmal schlecht und einsam, vielleicht sogar »falsch« fühlt? Zeigt sich in ihnen wirklich immer die echte Sehnsucht nach romantischer Liebe, oder geht es vielleicht um das unbestimmte Warten auf ein besseres Leben? Ein Leben, das durch einen unbestimmten Faktor endlich eintreten soll, den man nun eben automatisiert in der romantischen Liebe manifestiert, obwohl vielleicht gerade vieles andere im Argen liegt? Geht es in diesen Momenten wirklich um uns selbst und unsere tiefsten Bedürfnisse? Oder

---

8 Connie Palmen: »Die Sünde der Frau. Über Marylin Monroe, Marguerite Duras, Jane Bowles und Patricia Highsmith«, aus dem Niederländischen von Hanni Ehlers, Diogenes Verlag, Zürich 2018, S. 9.

9 Vgl. Eva Biringer, *Wer eigenwillig ist, wird bestraft*. Zeit Online, 8. Mai 2018, https://www.zeit.de/kultur/literatur/2018-05/die-suende-der-frau-conniepalmen-buch

ist es eine Sehnsucht ohne Not, die von außen aufgedrückt wird oder sich von innen durchdrückt, weil man gelernt hat, dass man das braucht, dass man unbedingt auf eine Beziehung hinarbeiten sollte? Weil man eben so lebt, weil Traurigkeit nun das zu fühlende Gefühl ist? Oder kommt ein Schmerz, weil Single-Sein wie eine Lücke im Lebenslauf ist, die man immer und immer wieder erklären und für die es gute Gründe geben muss? Es ist manchmal nicht so leicht, diese Fragen zu beantworten. Es ist aber sehr leicht, daran zu glauben, dass mit einer Beziehung alles besser wäre, denn mit einer Beziehung schafft man sich selbst eine Identität, die leicht erklärt ist, sie ist ein für alle verständliches Bild. Ist die Beziehung gut oder schlecht? Das ist hier doch gar nicht die Frage! Wichtig ist nur, dass man sich in den ewigen Kreislauf begeben hat und nicht ausschert, mit seinem lausigen Single-Leben, das so gar nicht zum Narrativ eines gelungenen Lebens passen mag.

Kann das wirklich der Anspruch an ein Leben sein? Ganz sicher nicht. Aber das Gros der Gesellschaft assoziiert mit Beziehungen eben etwas Vollendetes, ein Angekommensein, während Single-Sein gemeinhin mit einem Bruch zusammengedacht wird, mit einem Ende, mit dem Warten auf etwas Neues. Wir haben gelernt, dass uns das Single-Sein von Zwischenräumen und Warteschleifen erzählt. Und wie könnte sich das, wo wir uns doch alle irgendwie nach einem Ankommen in oder bei was auch immer sehnen, anders als falsch anfühlen. Und doch wirkt in dem verbreiteten Glauben daran, dass ohne eine Beziehung per se etwas im Leben fehlt, erst einmal nicht viel mehr als die Kraft der Suggestion – wenn wir bereit sind, etwas zu glauben, wird irgendwann Realität heraus, ob das objektiv stimmt oder nicht.

Und weil wir als Gesellschaft diese Variante der Realität akzeptiert haben, ist es eben auch heute noch eine Herausforderung, alleinstehend – schon dieses Wort! – nicht mehr ausschließlich mit gescheitert, mangelhaft oder suchend zusammenzudenken. Wenn wir begrifflich bereits festlegen, dass man *allein* auf der Welt ist, nur weil man keine Liebesbeziehung am Start hat, oder man grundsätzlich stagnieren würde, weil ein Partner an der Seite fehlt, dann ist auch die breite Akzeptanz genau dieser Bedeutung nicht weit. Doch wie sollten Begriffe wie »allein« und »stehend« Menschen ohne Beziehung je wirklich gerecht werden (jeglichen Zynismus dabei einmal außen vor gelassen)?

Zudem ist ein Leben in einer Beziehung ein Leben im steten Kompromiss, wie auch immer sie gelagert sind. So ist das mit engen Bindungen eben, aber wieso sollte es nicht genauso glücklich und zufrieden machen, genau die nicht eingehen zu müssen, frei davon zu leben und entscheiden zu können? Wahrscheinlich würde es uns ganz guttun, Lebensphasen, in denen wir mit oder ohne Partner durchs Leben gehen, mal wieder etwas nüchterner zu betrachten – das hilft ja auch in fast allen anderen Lebensbereichen. Beides hat sein Gutes, beides bringt seine Herausforderungen mit sich, und eigentlich wissen wir das ja auch. Und doch besteht die größere gesellschaftliche Aufgabe heute noch immer darin, endlich bei dem echten Bewusstsein anzukommen, dass Single-Frauen keine gescheiterten Wesen sind – ist das denn wirklich so schwer? Offenbar ja, weil dieses Bild zu streichen und die Bereitschaft, die Sachlage anders wahrzunehmen eben mit intellektueller Anstrengung verbunden sind. Aber keine Sorge, das ist halb so schlimm, denn diese Arbeit ist keine, mit der man sich nur die Zeit totschlägt, sondern eine, die wirklich etwas erschafft: nämlich Raum für das eigene Begehren und die eigenen Bedürfnisse.[10] Ja, sich gedanklich gegen diesen Mist, der so schön selbstverständlich scheint, aufzulehnen, ist anstrengend, und es kann auch wunderbar erholsam sein, einfach mal die Ohren dicht zu machen und alberne Argumente wegzunicken, ohne darauf einzugehen. Aber sollte das nicht genau an dem Punkt enden, wenn eigene Freiheiten verloren gehen, die eigenen Bedürfnisse keine Rolle mehr spielen oder respektlos mit dem eigenen Leben umgegangen wird? Denn genau da beginnt doch Macht zu wirken, wird andere Macht zugelassen – wird eine hierarchische Ordnung künstlich am Leben gehalten, die ohne dieses stille Einverständnis der Betroffenen längst in sich zusammengebrochen wäre. Das Ende der Selbstermächtigung beginnt so nämlich schon bevor sie überhaupt eintreten kann. Nämlich darin, hinzunehmen, dass die eigenen Bedürfnisse zur Disposition stehen.

Das Leben als Single ist vielleicht ein Abschnitt, vielleicht eine grundsätzliche Entscheidung oder auch ein Lebensmodell, für das man sich weder aktiv entschieden noch nicht entschieden hat – als hätte man immer alles in der Hand –, aber es ist ganz sicher nichts, was mit Erfolg oder Misserfolg zu deuten wäre. Scheitern kann man im Job, wenn man einen Auftrag in den Sand gesetzt hat. Scheitern kann man beim Backen, wenn jeder Kuchen wie ein Brot aussieht, und scheitern kann man, wenn man im Urlaub lässig auf Italienisch ein Glas Wein bestellen will und dann aus dem Laden fliegt, weil man aus Versehen sehr viele Schimpfwörter eingebaut hat. Man möchte fast meinen, das Scheitern

---

10 Vgl. Moira Weigel: Dating, eine Kulturgeschichte. btb Verlag, München 2018.

im Liebesleben sei ein verkorkst deutscher Ansatz, um über Liebesbiografien nachzudenken, so dass es fast verwunderlich ist, dass nicht mit jeder Trennung gleich ein offizielles Schreiben vom Bürgeramt reingeflattert kommt. »Frau XY, bitte finden Sie sich bei uns ein und teilen Sie uns mit, wie es nun mit Ihnen weitergeht.« Bloß keine Meldelücken aufkommen lassen, das kann böse enden! Immerhin haben wir den Status als »verheiratet« oder »ledig« mittlerweile aus unseren Lebensläufen gestrichen, wir scheinen also voranzukommen. Zumindest auf manchem, wenn schon lange nicht auf jedem offiziell verwendetem Papier. Der Gedanke des Scheiterns in Liebesangelegenheiten ist aber natürlich nicht originär deutsch, sondern wohl vielmehr eine kulturübergreifende Vermischung von romantischen Idealen und einer Zeit, in der keine Beziehung zu haben tatsächlich existenzielle Sorgen bedeutete – während heute Beziehungen und insbesondere (das Ende von) Ehen das Risiko für Frauen mit Kindern eher sogar vergrößern können, in existenzielle Sorgen zu geraten –, was zudem verschleiert, dass der Status als Single nicht selten ein Befreiungsschlag ist, mit dem man sich von einer ungesunden Bindung losgesagt hat. Und waren Scheidungspartys nicht mal ein Trend? Durchgesetzt hat sich das wohl deshalb nicht, weil es auf den Mainstream eher geschmacklos wirkte. Wieso eigentlich? Wenn jemand wirklich das Gefühl hat, das Ende einer Beziehung und den Neubeginn des Single-Lebens feiern zu wollen, wieso sollte das nicht drin sein? Ach ja, weil man ja auf jeden Fall und per se traurig sein muss. Ist klar. Und während meine Generation sich also mit dieser Interpretation der Lage noch immer rumplagen muss, wurde uns doch von unseren Vorkämpferinnen für ein selbstbestimmtes Leben schon längst der Staffelstab in die Hand gegeben, um es für die nachkommende etwas leichter zu machen. Aber dafür müssten wir aufhören, jungen Frauen zu sagen, dass sie als Single nicht glücklich sein können.[11] Müssten wir aufhören, ihnen weiszumachen, wir hätten für das gelungene Leben das Patentrezept in der Hand. Doch wer die Zukunft (mit)verändern will, muss eben früher als im Jetzt anfangen und sich auch fragen, woher das kommt, wer oder was das Jetzt prägt – denn was verändert sich für junge Frauen, wenn sie zwar mit weniger Zweisamkeitsdruck aufwachsen, weil wir ihnen mehr Freiheit in ihren Lebensentscheidungen versprechen, diese aber weiterhin bei jeder Gelegenheit skeptisch hinterfragen? Genauso erging es uns doch auch schon – der Kreislauf geht munter weiter. Woher kommt also die Annahme, dass man als Single so viel unglücklicher sein muss als in einer Beziehung? Dass ein gutes Leben, gerade für uns Frauen, so eine einfache Rechnung wäre? Und die viel wichtigere Frage: Geht es bei der Skepsis gegenüber Singles überhaupt um das »gute Leben« oder um etwas ganz anderes?

Wenn man Ansätze wie die von Philosophen wie Jean-Jacques Rousseau ignoriert, Frauen untrennbar über das Muttersein zu definieren – was sehr gut machbar ist, weil der gute Mann nun seit mehreren Jahrhunderten tot ist und noch nie die beste Quelle für Frauenfragen und ganz besonders nicht ihrem Glücklichwerden war – oder den Müttermythos, also das glückselige Hinarbeiten auf die glückselige Mutterschaft, im besten Falle natürlich in einer Beziehung, mal ausklammert: Wieso herrscht dann die Annahme, dass wir mit einem Singlestatus automatisch mit einer Art Bürde

---

11 Vgl. Laurie Penny, Interview, *Der Spiegel*, 2016.

leben? Alt ist das Konzept der romantischen Liebe noch nicht, sondern gerade einmal etwas über 200 Jahre – davor bestimmte im Wesentlichen die Religion, die Liebe zu Gott also, dieses Bedürfnis nach einer transzendentalen Erfahrung, die wir seither der Paarliebe abverlangen, wie der Philosoph und Autor Richard David Precht das Aufkommen der Überhöhung der romantischen Liebe beschreibt. Sie sei erst aus Büchern wie Fontanes »Effi Briest« oder Dumas' »Kameliendame« in die reale Welt geschwappt.[12] Doch ganz egal, ob das wirklich der Beginn der heutigen Idee einer romantischen Liebe war oder nicht, so lässt sich doch sagen, dass es für die Mehrheit der Menschheit lange keine Wahl, das Nachdenken über das überbordende Glück oder eine ausgiebige Selbstsuche gab, sondern Beziehungen vor allem dazu dienten, Existenzen und die Nachfolge zu sichern, Nachkommen zu gebären, die im Wesentlichen mitarbeiteten und mitpflegten, und um gesellschaftliche Machtstrukturen zu erhalten. Alles wenig romantisch, und doch prägt auch das, neben dem herrschenden Verständnis von Romantik, noch immer das heteronormative Beziehungsbild, das viele heute noch als bestmögliches Schicksal erachten. Und es liegt nahe, dass die aufkommende Sehnsucht nach etwas Größerem den Pragmatismus einer Beziehung deshalb so gut ergänzt, weil wir doch alle an etwas glauben müssen – und wenn nicht an Gott, dann eben an die Liebe. Aber neben der Hoffnung nach einem Mehr, nach etwas Zauber in der Tristesse des Alltags, die der romantischen Liebe so bedeutungsvoll anhängt, kommen wir auch heute noch nur schwer

---

12 Richard David Precht: Liebe: Ein unordentliches Gefühl. Goldmann Verlag, München 2009.

um den Fortpflanzungsgedanken herum, wenn wir über den gesellschaftlichen Stellenwert von romantischen Bindungen für Frauen sprechen. Wie auch, schließlich haben Frauen nur ein gewisses Zeitfenster, um Kinder zu bekommen, wenn sie das denn möchten – aber auch das ist ja Theorie. Nicht aus jeder Beziehung gehen Kinder hervor, und nicht jedes Kind wird in eine Beziehung geboren. Nicht jede Frau, die möchte, kann ein Kind bekommen, und nicht jede Frau, die einmal schwanger war, wird Mutter. Und doch werden wir ab einem gewissen Alter stets ermahnt, Beziehungen zu führen und auf die Uhr zu schauen. Hinter dem schönen Label der romantischen, unsere Seele nährenden Liebe steckt für cis Frauen immer auch der Hinweis, dass sie Mütter werden sollten. Warum sonst würde auch uns, einer Generation, die sich mehrheitlich nicht ums Existenzielle sorgen muss, wenn eine Beziehung fehlt, und die die Freiheit hat, Beziehungen nüchtern zu betrachten und auf Tauglichkeit abzuklopfen, die Überidealisierung der romantischen Liebe weiterhin seit Kindertagen eingeimpft? Sei es durch die überstrapazierte Geschichte von der Prinzessin, die auf ihre Erlösung bzw. den schönen Prinzen wartet, oder mit all den romantischen Komödien, von »Bridget Jones« bis »Tatsächlich… Liebe«, die uns klassische Heldinnen- und Heldenreisen präsentieren, die nur mit der Errettung durch die Liebe enden können – happily ever after. Daran konnten auch Serien wie »Sex and the City«, insbesondere durch die Figur der Samantha, die Älteste der Freundinnen, die nicht nur erfolgreich ist, sondern auch viele Affären hat und ihre eigenen Bedürfnisse über die aller anderen, insbesondere von Männern, stellen darf, nichts ändern. Ebenso wenig wie die inhaltlich und an unseren gängigen Idealen orientierten, ästhetisch noch sehr viel ungeschönteren »Girls«, die ein wesentlich diverseres Frauenbild zeigten, als man es bislang im TV kannte. Übrigens genauso wenig wie früher erschienene TV-Serien wie »Xena«, die ewig andere verprügelnde Kriegerprinzessin, oder »Buffy«, die ständig Männern den Hintern rettete. Vielleicht ist es deshalb für eine Frau wie mich, die mit diesen Serien aufgewachsen ist, schwer zu begreifen, dass es doch noch relativ neu ist, dass Frauen allein durch die Welt spazieren und ihre eigenen Entscheidungen treffen dürfen. Aber letztlich ist es ja nun einfach so, dass Frauen bis zur Gesetzesänderung Ende der 1970er nicht ohne Erlaubnis ihres Mannes arbeiten gehen und bis Anfang der 1960er auch kein eigenes Bankkonto eröffnen konnten. Als mir das zum ersten Mal klarwurde – übrigens nichts, was wir in der Schule gelernt hätten, Frauenrechte und Frauenpolitik waren kein großes Thema –, erkannte ich auch, warum wir hier gesellschaftlich vorankriechen, statt zu rennen. Popkultur kann mit dem Bruch von Rollenbildern sicherlich einiges leisten, aber wenn der Fernseher aus ist, fängt die Emanzipation ganz von vorne an – ganz besonders, wenn der Bruch die Ausnahme bleibt, die es ständig hervorzuheben gilt. Es reicht auch bei jedem anderen (feministischen) Engagement nicht, nur laut vor dem Bildschirm zu rufen: »Ja, genau so ist es doch! Genau so sind wir doch«, nur um dann im realen Leben nichts mehr aktiv einzufordern. Wenn wir Frauen selbst das Single-Dasein häufig immer noch nicht als selbstverständliche Phasen oder Lebensentwürfe verstehen, warum sollte jemand anderes es tun? Wenn wir »neue« Frauenrollen zwar spannend und lebensnah finden, dabei doch weiterhin Frauenmagazine kaufen, die Single-Frauen zu den ärmsten Kindern im Dorf erklären und immer einen Tipp bereithalten, wie man die eigene »Fuckability« erhöht, man sich also wieder begehrenswert macht, um all diese »Miseren« schnellstmöglich aus der Welt zu schaffen, bleibt eine selbstbestimmte Frau, die auch allein glücklich sein kann, doch weiterhin eine recht exotische Veranstaltung und werden auch heute noch Single-Frauen in den 30ern oder 40ern wie ein Zirkuspferd im Gartencenter wahrgenommen. Man kuckt und wundert sich, und dann lacht man und fragt: Wie ist das denn passiert? Die hat sich doch verlaufen!

Wer möchte, findet natürlich Studien dazu, dass verheiratete Menschen bzw. Menschen in längeren Beziehungen glücklicher als Singles sind. Auch wenn fraglich ist, wie dieses »glücklicher als« eigentlich objektiv bemessen werden kann. Und wie es mit Studien zu Gefühlszuständen so ist – es gibt auch immer eine, die ihr widerspricht. Es finden sich also auch Studien[13], die zum Ergebnis haben, dass viele Menschen ihr Single-Dasein nicht bedauern, sich nicht unglücklich fühlen, nicht auf eine Partnerschaft warten. Es liegt also nahe, dass die Wahrheit nur in einer höchst privaten Antwort auf die Frage nach dem Lebensglück liegen kann, denn es gibt dieses Patentrezept eben nicht, und es gibt weder eine feste Lebensreihenfolge, die besser oder schlechter wäre als eine andere, noch gibt es Meilensteine, die für alle gelten. Paarliebe ist großartig, sie ist aber kein Allheilmittel. Und in ihr wartet nicht die Erlösung – von was auch immer. Alles andere anzunehmen ist ja nicht nur für Singles deprimierend, sondern auch irreführend, was Beziehungen betrifft– wer soll diese Erlösungserwartungen erfüllen können, und wer sollte

---

13 Christoph Drösser und Holger Geissler (Hg): Wir Deutschen und die Liebe: Wie wir lieben. Was wir lieben. Was uns erregt, Edel Books, Hamburg 2017.

das überhaupt wollen? Man bekommt doch Atemnot ob der ganzen Erwartungen, die man auf einmal für das Glück eines anderen zu tragen hat. Als wäre die für das eigene nicht schon genug.

Jetzt ist sicher der Punkt gekommen, darüber zu schreiben, dass Zeiten ohne eine Beziehung wirklich wertvoll sind, um für sich selbst voranzukommen, selbst wenn man das Gefühl hat, festzustecken, vielleicht sogar rückwärtszugehen – denn ja, genau diese Erfahrung habe ich gemacht. Wie auch nicht, das Leben geht schließlich vollkommen unbekummert von unserem Beziehungsstatus weiter. Und wenn man bereit ist, sich selbst ohne diese traurigen Augen anzusehen oder die Tage mit der Idee zu vergeuden, dass jetzt alles nur falsch und klein und bemitleidenswert sein kann, auch wenn das kraftvolle Gefühle sind, die ihren Platz brauchen, kann ganz erstaunlich viel in einem passieren. Können sich Türen zur Selbstwahrnehmung öffnen, wo vorher nicht ganz klar war, dass da welche sind. Und stellt man sich auch manchmal Fragen, die man vorher vermieden hat, weil die Antwort eventuell nicht nur das eigene, sondern auch noch ein anderes Leben durcheinandergebracht hätte. Ganz vorne dran: Was will ich? Was will ich genau jetzt? Was will ich wollen? Was will ich in meinem Leben weglassen, was will ich hinzufügen? Was tut mir gut? Was brauche ich? Ohne Beziehung entsteht ein ganz eigener Raum dafür, sich zu beobachten und wahrzunehmen, weil die Projektionsfläche des anderen fehlt. Und weil es sich mit einem Selbstbild, das von einem (positiven) Wir geprägt ist, wesentlich häufiger mit gewissen Fragen leben lässt, die man unbeantwortet beiseiteschieben kann, ohne gezwungen zu sein, den Abgleich mit sich selbst vorzunehmen. Aber der Spiegel, den wir in Beziehungen vorgehalten bekommen, wartet letztlich überall um uns, in Freunden, Familienmitgliedern, Kolleginnen und Kollegen – es gibt keine exklusive Zweierbeziehungsreflexion, in der wir uns tiefer wahrnehmen als in einer anderen, wir erfahren uns permanent durch andere. Genau deshalb ist es für ein gutes Leben vor allem wichtig, einigermaßen gut mit sich selbst zurechtzukommen. Ach ja, die gute Beziehung zu sich selbst, die viele Artikel und viele Bücher füllt. Dieser irre Versuch, sich der Beziehung zu sich zwischen Liebe und Abneigung, zwischen Wachsen, Scheitern, Nähe und Distanz zu nähern. Es ist schwer, sich ein echtes Vertrauen zu sich selbst zu erarbeiten, weil man sich dafür auch an die eigenen blinden Flecken, automatisierten Verhaltensweisen und (unliebsamen) Charakterzüge wagen muss – und damit einhergehend auch eine Art Ursprungssuche beginnt, die Wachstumsschmerzen verursacht. Es ist unbequem, sich ehrlich danach zu befragen, wo man steht und wo man hinwill und warum man verdammt noch mal aus bestimmten Mustern nicht rauskommt. Aber es kann eben auch ein Raketenstart nach vorne sein – weil man zwischen dem Sollen auch Wünsche und Bedürfnisse entdeckt, die doch im Gegensatz zum Sollen schon immer der richtige Antrieb für das gute Leben waren. Und letztlich würden wir uns ja wohl auch kaum entscheiden, aufzuhören, körperlich zu wachsen, nur weil das Bein schmerzt, wenn das möglich wäre. Sind also diese Schmerzen vielleicht der Grund dafür, dass viele Single zu sein als unangenehm empfinden?

Möglich, aber sehr wahrscheinlich ist es nicht. Denn erstens: Nicht jeder Mensch beginnt automatisch einen Selbsterfahrungstrip, nur weil man Single ist, und das muss auch niemand. Wobei das Interessante ist, dass es gerade für die, die am liebsten zu zweit durch die Welt gehen, oder die, die sich für alle armen Singles so sehr eine Beziehung wünschen, gar nicht so schlecht wäre, Single-Phasen und den damit möglicherweise aufkommenden Fragen anders gegenüberzutreten. Denn all die Antworten, die man in dieser Zeit finden kann, wenn man möchte, sind für eine Paarbeziehung letztlich genauso wichtig wie für die Beziehung mit sich selbst. Aber noch viel wesentlicher: Wer schon einmal in einer Beziehung feststeckte, in der auf einmal auch schmerzhafte Fragen aufkommen, weil man nicht mehr so richtig wusste, ob man sich nicht gerade zugunsten einer Zweierkonstellation selbst verliert und wie viel von einem selbst noch im Beziehungs-Ich steckt, weiß, dass das genauso unangenehm ist, wie sich diese Fragen als Single zu stellen. Den Schluss, deshalb Beziehungen zu verteufeln, hat trotzdem bisher kaum jemand daraus gezogen. Denn die meisten gesellschaftlich akzeptierten Ansätze, um das Leben eines Singles zu bewerten, funktionieren nicht bei einer Anwendung auf Menschen in Beziehungen – was genau wieder das Problem beschreibt. Nein, es gibt viele Antworten darauf, warum man sich als Single nicht glücklich fühlen könnte, sie beginnen mit Sehnsucht, und sie enden mit Angst. Sehnsucht nach jemandem, nach etwas, und Angst davor, dass eintritt, was man sich in den dunkelsten Stunden glauben macht: Nicht genug zu sein, um geliebt werden zu können. Nicht mal von sich selbst.

Um sich gut zu fühlen, ob in einer Paarbeziehung oder nicht, braucht es also Selbstermächtigung. Und die beginnt als Single ganz entscheidend damit, Liebe und Gemeinsamkeit nicht gedanklich auf eine Paarbeziehung zu beschränken. Wieso reden wir in Sachen Liebe immer über die romantische, also über die zwischen zwei verliebten Menschen? Denn haben wir nicht noch so viel mehr Menschen um uns, Freunde und Familie, mit denen wir Liebe erfahren und leben? Mit denen wir – wenn es gut läuft – intime, langjährige Bindungen haben, die doch genauso von echter, sogar in gewisser Weise leidenschaftlicher Liebe bestimmt und gehalten werden? Was ist mit den Menschen, die wir zu jeder Uhrzeit anrufen können, mit denen wir schon jahrelang durchs Leben gehen, die uns als Teenager und Erwachsene kennen, ohne die kein Tag bei der Arbeit auszuhalten wäre? Was ist mit jenen, mit denen wir uns streiten wie die Kesselflicker, um uns dann wieder lachend in den Armen zu liegen? Was ist mit den Menschen, die alles über uns wissen und uns trotzdem noch mögen? Diese irrsinnig wertvollen Beziehungen, ohne die wir nicht wüssten, was wir tun sollen? Sind das nicht auch alles Beziehungen, in denen wir uns aufschürfen, aneinander abarbeiten, in denen wir uns entwickeln und in denen wir auch (körperliche) Nähe und Zuwendung erfahren, selbst wenn es dabei nicht um sexuelle Anziehung geht? Ich habe einige unfassbar enge Bindungen, die schon viele Jahre Teil meines Lebens sind und das zu ganz unterschiedlichen Menschen. Bindungen, die mein gesamtes Gefühlsspektrum in Anspruch nehmen. Wenn die Liebe von und zu so vielen Menschen in einem wohnt, wie ginge das überhaupt, keine Liebe im Leben zu haben? Wie ginge es, nicht genug wert zu sein, um geliebt zu werden? Als Single liegt man doch ganz genauso in einem weichen Bett voller Zuneigung und ja, auch gegenseitiger Verantwortung. Ist das Gefühl, diese Liebe, die wir in diesen Beziehungen zu uns und anderen leben und erfahren, weniger wahr, weniger wichtig oder weniger wert, weil es nicht exklusiv ist? Wird Liebe geringfügiger, wenn mehr als nur zwei Menschen innerhalb eines Liebesgefüges vorkommen? Und wenn man eine Beziehung hätte, was würde diese Liebe von der Liebe zu den anderen trennen? Der Sex? Das Versprechen, zu zweit gegen den Rest der Welt anzustehen? Sich gegenseitig mehr zu verpflichten als allen anderen? Exklusivität? Mehr voneinander zu erwarten als von allen anderen? Ein eigenartiger und zugleich alles andere als romantischer Gedanke – auch wenn ich selbst Anhängerin von monogamen Beziehungen bin. Aber wenn man das so aufdröselt, dann gelangt man doch letztlich zu dem Gedanken, dass genau dieser Ausschluss eben auch zur Abwertung von Singles beiträgt, wie es die Autorin Laurie Penny einmal formulierte. Die Paarliebe wird doch auch deshalb als bessere, wichtigere Liebe gehandelt, weil wir sie (künstlich) auf einen Sockel heben, weil sich um sie die anderen Beziehungen herumranken, sich unterordnen. Und genau diese Überhöhung verspricht dann auch so viel mehr als jede andere Liebe. Aber ist das wirklich so? Was wäre, wenn wir den Sockel umstoßen? Wenn Liebe keine Abstufungen mehr erfahren würde, sondern in jeder Form gleichwertig wäre? Was wäre, wenn es nur eine Form der Liebe gibt? Über die Liebe werden konzeptuell und emotional sehr widersprüchliche Signale ausgesendet, die sie einerseits marginalisieren und andererseits überhöhen – wobei der Kontext und nicht das Gefühl entscheidend dafür ist, in welche Richtung es gehen darf.

Dabei wäre es so viel lohnender, nicht über Menschenkonstellationen, sondern über die Emotion an sich nachzudenken. Denn die romantische Liebe ist nun einmal nur ein Ton in einem breiten Farbspektrum, und nur weil wir diesen mutwillig etwas heller und saftiger zeichnen als alle anderen, muss darin noch nicht die ganze Wahrheit liegen. Lebenspartner, Herzensmenschen, mit denen wir unser Leben teilen, können genau die gleichen »Funktionen« erfüllen, können unser Herz und unseren Zuneigungsspeicher genauso auffüllen, ja, es geradezu überlaufen lassen. Ich denke da an die wunderbare Geschichte der beiden Schwestern Edith und Gina aus Israel, über die im Jahr 2017 eine Reportage bei Krautreporter[14] erschienen ist. Beide sind etwa um die 90 Jahre alt und möchten heiraten. Wer jetzt an Inzest denkt, muss enttäuscht werden. Hier geht's ganz banal um eine tiefe schwesterliche Liebe zueinander und ein geteiltes Leben, das sie nun auch vor dem Staat als solches anerkennen lassen wollen – auch weil, sollte eine der beiden sterben, die andere vor dem finanziellen Ruin stehen würde, denn ihr gemeinsames Leben ist längst auch ein gemeinsam finanzielles, nur will man das offiziell eben nicht anerkennen. Absurd, wie auch die Anwältin der beiden (sie gingen vor Gericht, um ihre Hochzeit durchzusetzen) findet, sie sagt: »Die beiden haben eine bessere Beziehung als mein Mann und ich.« Ohne diese Heirat müssten die beiden nach gängigen Parametern wohl als Singles deklariert werden. Aber sie sind es schlichtweg nicht, sie leben in einer Beziehung miteinander, bei der man nur schwer von alleinstehend reden kann, sondern eher von: so was von zusammen! Wie wunderbar, nicht wahr? Aber nein, wieder steht eine Liebe auf dem Prüfstand, weil vielen bei der Vorstellung, dass in Sachen Liebe mehr geht als die Paarbeziehung, das Hirn zu platzen scheint. Bitte nicht außerhalb von Schubladen agieren, das ist anstrengend! Dabei wäre es vielleicht an der Zeit, den »revolutio-

---

14 https://krautreporter.de/1810-die-lowinnen

nären Gedanken« zuzulassen, dass eine Ehe nicht immer mit Romantik einhergehen muss, sondern vielmehr eben eines ist: eine rechtlich anerkannte Beziehung.

Wenn es in Erich Frieds Gedicht »Was es ist« – in dem es heißt: »Es ist unmöglich, sagt die Erfahrung. Es ist, wie es ist, sagt die Liebe« – wirklich um die Liebe geht, dann kann sie nicht nur von der romantischen handeln. Ja, auf der Suche sind wir doch immer irgendwie, nach dem, was das Blut schneller durch die Adern pumpen, und dem, was uns nachts ruhig schlafen lässt, wenn draußen wieder alles im Chaos untergeht. Aber all das und all jene sind immer um einen herum, wenn man den Versuch bleiben lässt, die Liebe zu kategorisieren. Schafft man das, wartet erstaunlich viel Freiheit und ganz sicher noch mehr Gefühl. Aber dahin zu kommen ist offensichtlich noch ein weiter Weg.

.

3.

»Ich wünsche mir so sehr, dass du jemanden findest«: Von der sehr kleinen Idee des Glücks

Ich bin bei meiner Mutter zu Besuch. Wir sitzen auf dem Balkon und lassen uns die Sonne ins Gesicht scheinen, während sie einen leidenschaftlichen Vortrag darüber hält, warum die neue Farbe der Hausfassade drei Straßen weiter eine ganz schlechte Wahl war. »Damit werden die niemals glücklich! Ich kann kaum hinsehen, ein ganz fieser Farbton! Und ich bin ja nicht die Einzige, die das denkt!« Ich muss schmunzeln. Willkommen zu Hause, auf dem Dorf, wo jeder ganz selbstverständlich die Idee hat, man hätte im Leben des anderen ein Wort mitzureden. Wo sich Dramen über Dinge abspielen, für die sich in der Großstadt vielleicht noch nicht mal ein Achselzucken von jemandem finden könnte. »Aber wenn ihnen das Orange doch gefällt«, sage ich. Eine sehr unzufriedenstellende Antwort, wie ich dem Blick meiner Mutter entnehme. »Ach egal, aber jetzt erzähl doch mal endlich von dir, was ist gerade bei dir los?«, entgegnet sie nach einer kurzen Pause, in der sie noch mehrere Male still den Kopf geschüttelt hat. Ob wegen der Hausfassade oder mir ist unklar, sehr wahrscheinlich aber wegen beidem. Ich erzähle ihr von meinem neuen Job, meiner neuen Wohnung, von meinen Freunden und welchen Urlaub wir in diesem Jahr planen. Und davon, wie sehr ich gerade das Gefühl habe, dass alles richtig läuft, dass alles endlich mal leicht scheint. Wir freuen uns beide darüber und stoßen mit den Kaffeetassen auf das Leben an. »Aber in der Liebe, da hat sich noch nichts Neues ergeben, oder?«, fragt sie. »Nein, da tut sich gerade nichts, aber ehrlich gesagt, braucht es das auch nicht.« »Ja, so eine Phase muss man auch mal haben«, schiebt sie hinterher. »Aber weißt du, ich wünsche mir so sehr, dass du jemanden findest und endlich wirklich glücklich wirst. Das hast du einfach verdient!«

Ich schaue angestrengt in das Grün vor uns, während es in meiner Brust etwas krampft. Ich kenne ihre Idee von einem Leben, das lebenswert ist. Und ich kenne ihre Idee von meinem Leben, und immer wieder denke ich, ich kann mich von diesen Erwartungen frei machen und mich einfach auf mich selbst konzentrieren. Und doch tut es mir auch heute wieder weh, dass sie, nur Minuten, nachdem wir auf das feine Leben, mein gutes Leben angestoßen haben, mit einem Satz wegfegt, worauf ich stolz, womit ich glücklich bin. Es ist also höchstens ganz nett, was ich erreicht habe, aber das kann nun nicht alles gewesen sein. Ich habe mehr als das Leben verdient, das mich gerade froh und zufrieden macht. Eines, das in ihren Kosmos passt, das ein bisschen ist wie ihres, und nicht so eines, in dem ich Glück nur antaste, leicht streife und das Vakuum, das in mir herrschen muss, mit Halbgarem fülle. »… dass du endlich richtig glücklich wirst.«

Ich weiß nicht, ob es mehr Demütigung oder lachhaft ist, anzunehmen, dass einen Single nichts dringender im Leben antreiben könnte oder, mehr noch, sollte, als auf der Suche nach einer Beziehung zu sein. »Ah, interessant! Sie sind einmal um den Globus gereist, haben den Weltfrieden hergestellt und den Klimawandel gestoppt, was für ein beeindruckendes Leben! Wenn Sie nun noch eine Beziehung hätten, wären Sie glatt zu beneiden!« Das ist doch murks. Aber auch wenn ich es albern finden will, macht es mehr mit mir, als ich mir meist eingestehen will. Weil der Satz nicht von irgendjemandem, sondern von ihr kam. Und das ganz besonders, weil sie den Satz wahrscheinlich sehr ehrlich meinte, und nicht einmal darüber nachdenkt, ob mich das verletzen könnte oder ob sie damit mein derzeitiges Leben und was ich auf die Beine gestellt habe, zu einer reinen Vorstufe von irgendetwas Größerem degradiert. Mein Glück und mein Wert hängen offensichtlich mehr von einem Mann, einer Beziehung ab, als ich mir das habe träumen lassen. Ich versuche es dennoch. »Mama, ich führe bereits ein Leben, in dem ich sehr glücklich bin.« »Ja natürlich, mein Liebes«, sagt sie abwesend. »Magst du noch eine Tasse Kaffee?« Ich und die Hausfassade haben nun etwas gemeinsam – für uns läuft es derzeit nur mittelgut. Zumindest, wenn man andere fragt.

Als ich die Episode ein paar Wochen später in einer Runde mit Frauen erzähle und wie mich das getroffen hat, wird viel genickt. Ich stehe mit diesem Gespräch nicht allein da, fast alle von ihnen kennen es und das Gefühl, wie das Selbstwertgefühl zu bröckeln beginnt, wenn nahestehende Menschen infrage stellen, was für einen selbst gerade glücklich sein bedeutet. Und wie es verletzt und enttäuscht, diese drückende Ahnung zu haben, dass es ausgerechnet unseren Müttern doch noch immer sehr viel lieber wäre, wir würden Beziehung, Ehe und Kinder mehr in den Mittelpunkt unserer

Planungen und unseres Selbstverständnisses setzen, als wir das bislang tun. All das, was wir in unserer recht feministisch geprägten Blase längst als selbstverständlich erachten, wie ein Leben zu führen, bei dem wir frei entscheiden, was uns glücklich macht und wohin wir wollen, das zählt ab einem bestimmten Alter irgendwie nicht mehr so viel, wie damals, als sie uns sagten: Mach alles, was du willst! Du hast, anders als ich, alle Freiheiten der Welt! Denn dann wird man älter, und irgendwann fällt der Groschen: Das war nur die halbe Wahrheit. Auf einmal merkt man, man hat vergessen, das Kleingedruckte zu lesen, weil alles andere sich so verdammt schön anhörte.

»Wenigstens hat sie dich dabei nicht wie meine mitleidig angeschaut und die Stimme so eigenartig gesenkt, als würde sie mir eine tiefere Wahrheit eröffnen«, ruft eine von ihnen. Immerhin. Und eine andere: »Mir sagt sie immer, ich würde mir mein Glücklichsein aus Selbstschutz einreden.« »Aber mit diesem absurden mütterlichen Blick auf euer Leben seid ihr als Singles ja nicht allein«, wirft eine andere Freundin ein. »Ich könnte meiner Mutter morgen erzählen, dass ich es bis in die Führungsetage gebracht habe, und sie würde mich wahrscheinlich als Erstes fragen, wie das meine Beziehung aushält. Und mal ehrlich, vielleicht hätte ich mir die Frage zuvor auch schon gestellt. Und das ist es, was mich noch viel mehr gruseln lässt.« Tja, schöner Mist. Ganz offensichtlich stecken nicht nur unsere Mütter noch im Gendermorast und in alten Rollenbildern fest. Es ist schließlich immer noch vollkommen selbstverständlich, eine Beziehung, die Suche danach oder den Erhalt jener ganz oben auf die Prioritätenliste zu setzen. Was ja auch gut ist, wenn das dem eigenen Wunsch entspricht. Aber eben auch nur dann. Dabei ist eine

Beziehung und Kinder bekommen als Glückshöhepunkt im Leben ja erst einmal nur schnöde Theorie. Denn was für die einen gelten mag, zeigt sich bei anderen in der Erfahrung, die die israelische Soziologin Orna Donath in ihrer im Jahr 2015 erschienenen qualitativen Studie »Regretting Motherhood«[15] untersucht hat. Für sie sprach sie mit Frauen, die in ihrer Mutterschaft eben nicht die Erfüllung gefunden haben. Eine Studie, die besonders in Deutschland viel diskutiert wurde. Es mag dafür ganz unterschiedliche Faktoren geben, es zeigt aber auch, dass eine Beziehung und Kinder nicht per se als Glücksgaranten herhalten sollten. Und im Jahr 2018 ergab selbst eine repräsentative Umfrage von zwei großen deutschen Partnerbörsen[16], dass mehr als die Hälfte der befragten Singles gar nicht so unzufrieden mit dem Leben als solchem und sie nicht aktiv auf der Suche nach einer Beziehung sind, aber wenn sich etwas ergäbe, sie nicht abgeneigt wären. Und in der sogar fast jeder fünfte Single angab, er wolle derzeit lieber keine Beziehung eingehen. Verzweiflung klingt anders. Blöd natürlich für die Partnerbörsen – aber wieso wird uns noch immer als ultimatives Lebensziel verkauft, was es offensichtlich nicht mehr für jeden ist? Und wieso veröffentlichen diese das überhaupt? Vermutlich, weil es egal ist. Denn ob mit diesen Ergebnissen oder ohne: Die Suche nach der Liebe wird nach wie vor ein gutes Geschäftsmodell bleiben – weil die Sehnsucht nach mehr schon immer

15 Orna Donath: Regretting Motherhood, Wenn Mütter bereuen, Knaus Verlag, München 2016.
16 Deutschlands Single-Studie, durchgeführt von Elitepartner, Parship und Innofact AG, 2018. https://www.parship.de/presse/pressemeldungen/2018/deutschlands-single-studie-single-gesellschaft-168-millionen-alleinstehende-leben-in-deutschland/

ein gutes Geschäftsmodell war. In Sachen Lebensglück hängen wir wohl alle noch gedanklich im Kleinen fest, haben wir ein Dorf im Kopf errichtet, stets bereit, jeden, der ausschert, deshalb öffentlich auf dem Marktplatz zu maßregeln, und stets bereit, sich selbst an mögliche Muster zu halten, weil Glück ein verdammt abstraktes Konzept ist. Aber eben eines mit großem Marktpotenzial.

Ein paar Tage nach dem Abend rief mich eine der Freundinnen an und sagte, wie sehr sie darüber habe nachdenken müssen, dass wir alle ähnliche Gespräche mit unseren Müttern über unsere Zukunft führen. »Weißt du, manchmal frage ich mich: Haben sie nicht doch recht, und wir liegen möglicherweise falsch damit, uns auch ohne Beziehungen oder das stramme Hinarbeiten auf eine Familie glücklich zu fühlen? Ist da nicht doch eine Lücke in unserem Leben?«

Da waren wir bei eben genau jenen so verdammt guten Fragen: Was macht mich glücklich, was sind meine Ziele im Leben und warum? Was ist denn dieses Glück? Gibt es Glück überhaupt – und das länger als für einen Moment? Und wie beweglich ist das, was ich als Glücksfaktoren heute definiere? Muss das morgen noch gelten? Kann das morgen noch gelten? Und wieso löst es eine Unsicherheit aus, wenn man anders glücklich wird als Vorbilder, als enge Vertrauenspersonen, als vermeintlich üblich? Das sind alles gute Fragen, die aber doch anders, als es häufig gemacht wird, nicht grundsätzlich mit dem sturen Abarbeiten von heteronormativen Lebensmustern, sondern nur sehr individuell beantwortet werden können. Es hat nichts mit einem Malen nach Zahlen zu tun, herauszufinden, woraus man gerade Zufriedenheit im Leben zieht, und viel schwerer wird es, wenn man so eine Art garantierte Quelle für die komplette Dauer des Lebens an Land ziehen will. Unmöglich ist das vielleicht nicht, und natürlich kann das persönliche Glück in einer Paarbeziehung oder auch im Zeugen von Kindern liegen. Doch genau das frei herauszufinden untersagt doch schon das Gespräch, in dem einem Single mitgeteilt wird: »Schön und gut, wenn du dich glücklich fühlst, aber für das ultimative Glück braucht es auf jeden Fall eine Paarbeziehung. Sei ein braver, normaler Single und mache dich gefälligst unglücklich auf die Suche nach deiner fehlenden Hälfte!« Zumal die Frage hinzukommt: Muss alles, was ich mir wünsche, erfüllt sein, damit ich glücklich werden kann? Die britisch-australische Wissenschaftlerin Sara Ahmed[17], die zu feministischen Themen forscht und sich ausführlich mit dem Begriff und der Idee von Glück beschäftigt, sieht dahinter ein System: Die Idee von Glück, die wir im Allgemeinen haben, eignet sich sehr gut dafür, Unterdrückung und Unfreiheit zu rechtfertigen. Denn sie erhebt das, was als soziale Norm gilt, auch zeitgleich zu sozialem Gut – und damit zu einem Wert, dem man folgen muss, um Lebensqualität zu erreichen. Wer ausschert, hat nicht verstanden, worum es geht. Hat nicht verstanden, woraus Glück gestrickt ist. Kann nicht am Glück teilhaben. Blöd nur, dass jährlich unglaublich viele Glücksratgeber das Licht der Welt erblicken, und das, ohne dass die Menschheit signifikant glücklicher wurde, zumindest kann ich das nicht erkennen. Es liegt auf jeden Fall sehr nahe, dass es nicht eine einzige Formel für alle gibt, um das Glück zu finden. Wäre es anders, wir könnten uns sicher sein, die hätte schon jemand meistbietend verkauft.

Oder etwa doch? Fragt man ganz einfach mal den Duden,

---

17 Sara Ahmed: The Promise of Happiness, Duke University Press, 2010.

was zu diesem Begriff zu erfahren ist, wird Glück jedenfalls so definiert, dass es dabei um das Zusammentreffen besonders günstiger Umstände geht, um eine günstige Fügung des Schicksals. Das scheint doch zumindest etwas breiter angelegt, als stoisch auf einen genormten Lebenslauf zu pochen. Statt sich also damit zu plagen, was gemeinhin als Glück wahrgenommen wird und ob man dem mit dem eigenen Lebensentwurf nahekommt, ist es doch sicherlich ratsamer, sich davon zu verabschieden, dass andere das eigene Lebensglück definieren – gerade wenn man den Wunsch hat, glücklich zu werden. Denn macht man das, dann wird immer vermeintlich etwas fehlen, je nachdem, mit wem man sich austauscht. Und wie oft liest und hört man eigentlich Geschichten von Menschen, die sagen: Ich dachte, mit mehr Geld bin ich glücklicher oder mit dem Auto oder mit dieser Paarbeziehung – und am Ende, selbst als sie alles zu haben schienen, fehlte etwas. Sich Glück durch äußere, scheinbar einfach zu messende Parameter festlegen zu wollen ist am Ende doch nichts anderes als eine »romantische« Idee des Kapitalismus. Genauso wie es romantisch ist, daran zu glauben, dass es für das Glück keine äußeren Parameter braucht. Aber die Idee von: »Wenn du das erreichst, hast du es geschafft, bist du glücklich – bis es abebbt. Und dann kommt das Nächste, dem man hinterherrennen kann.« Heißt auch: Am Ende steckt man doch nur in einem Hamsterrad fest, aus dem man irgendwann erschöpft und mit weichen Knien aussteigt und sich fragt: Und was passiert jetzt? War es das schon? Aber wo ist das Gefühl? Es ist wie der Blick in einen zerbrochenen Spiegel, in dessen Scherben man sich wiedererkennt, man aber nie das ganze Bild bekommt, egal wie viele Bruchstücke man zusammenschiebt.

Problematisch am Gedanken des einen Glücks ist ja auch, dass es sich dabei nicht nur um ein individuelles Glück, sondern um ein Glücksgefüge handelt, in das mehrere Menschen, im Zweifel die ganze Familie, ausgehend von den Eltern, verwoben ist. Denn natürlich endet die Idee des »endlich jemanden finden« in diesen Gesprächen noch immer nicht beim Paarsein, sondern häufig erst bei Kindern. Mehr noch: Enkelkindern – zu deren Erzeugen wir, so fühlt es sich für viele cis Frauen, mal abgesehen von individuellen Wünschen, an, irgendwie verpflichtet sind. Weil wir es theoretisch können. Und weil jemand, den man liebt, darauf wartet. Verkauft wird das gerne als tieferer Sinn im Leben, den ich dem Elternwerden per se gar nicht absprechen will, aber der natürlich auch wunderbar als Argument für eigene Vorstellungen missbraucht werden kann. »Ich freue mich so auf meine Rente und darauf, dass dann die Enkel durch die Wohnung tollen.« »Ich wäre jetzt wirklich bereit, Oma oder Opa zu werden.« Was nett klingt und nett gemeint sein kann, kann sich zum extrem lästigen rosa Elefanten entwickeln, der ständig als ungebetener Gast im Raum steht, wenn es um die eigene Zukunftsplanung geht. Denn neben der eigenen Vorstellung davon, wie das gute Leben auszusehen hat, kommt auf einmal die Frage auf: Wie sehr bin ich dafür verantwortlich, jenen, die ich liebe, zu ihrem Glück zu verhelfen? Bin ich egoistisch, wenn ich es nicht doch wenigstens versuche? Die Auseinandersetzung damit kann wahnsinnig mürbe machen, wenn sie in dieser Hyperreflexion endet. Und das passiert immer dann, wenn man, statt sich auf sich selbst zu konzentrieren und sich immer klarzumachen, dass das eigene Leben und wie es gestaltet wird, etwas sehr Persönliches ist, auch noch die Idee davon, anderen zu genügen, miteinbezo-

gen wird. Für die meisten ist es wahrscheinlich eine Lebensaufgabe, sich von derlei Ansprüchen an sich selbst in Bezug auf andere und durch andere freizumachen. Aber ohne
das wird der Wachstumsschmerz, der einen sich hinterfra-
genden Menschen sowieso durch das Leben begleitet, nur
noch größer werden, ohne dass das Bild von dem, was man
selbst will, klarer wird. Schon ohne andere glücklich machen
zu wollen, wird man immer wieder im Leben an den Punkt
kommen, der eigenen Identität skeptisch gegenüberzuste-
hen – weil wir uns entwickeln, weil wir durch jede Erfahrung, die wir machen, zu anderen werden. Wenn man dann
auch noch versucht, den Blick von außen mitzudenken, wird
es immer schwerer, autark zu handeln und wirklich Antworten auf die sich immer wieder stellenden Fragen zu finden:
»Wer bin ich eigentlich und wo will ich hin?«. Everybody's
Darling macht es sicher vielen recht, sich selbst aber ganz
sicher nicht. Das ist einfach nichts, was man nach einem
festen Schema abarbeiten und für sich abhaken kann – und
dann ist das erledigt. Das ist ja die Krux an der Sache mit
dem Glück. Es ist oft flüchtig, und nicht immer ist ganz klar,
woher das kommt, was man damit verknüpft.

Mein jüngeres Ich etwa hatte, wie eigentlich alle Freundinnen und Freunde von mir, ganz selbstverständlich diese
Idee im Kopf, in der Schule oder im Studium den Partner
fürs Leben zu finden und mit 30 Jahren spätestens Kind und
Kegel zu haben. Das war meine Idee eines »Erwachsenen-
lebens« – und das nicht einmal als die perfekte Version dessen, was ich mir vorstellen konnte, sondern als einzige Version dessen, was sich in meiner Vorstellung von meinem
künftigen Leben abspielte. Warum, kann ich nicht sagen.
Vielleicht weil meine, weil unsere Eltern in diesem Alter

schon verheiratet waren und Kinder hatten – vielleicht, weil ich mir das wirklich wünschte. Wobei man sich fragen könnte, wieso eigentlich, hatte ich doch bis zu dem Zeitpunkt noch nie eine ernsthafte Beziehung gehabt. Aber man könnte auch genauso gut fragen: Wieso auch nicht, das ist doch ein schönes Zukunftsbild! Natürlich ist es das grundsätzlich, aber es kann doch auch ein schönes Zukunftsbild sein, wenn die Freiheit besteht, eine andere Zukunft als möglich zu betrachten. Und es wäre doch noch ein schöneres Zukunftsbild zu sagen: Mal sehen, was kommt, ich bin gespannt, welcher Mensch ich werde und was dieser Mensch sich wünscht, braucht, begehrt – und wie das Leben für ihn spielt. Schließlich liegt nicht alles in der eigenen Hand. Aber in meiner Jugend war, neben kleinen rebellischen Ausreißern, klar, dort würde und sollte man irgendwann ankommen. Bis man erwachsen wurde und alles etwas anders kam. Ohne dass objektiv gesehen das große Unglück eintrat – und doch war das immer wieder mit der Frage verbunden: Bin ich falsch abgebogen, oder genau richtig?

Ob ich mit meinem Privatleben auf dem Holzweg oder vielmehr schon kurz vor dem gesellschaftlichen Aus stehe, diese Frage stellte sich mir natürlich immer wieder auf verschiedenen Ebenen, stellt sich mir permanent, und stellte sich doch sehr eindrucksvoll das erste Mal mit Ende 20, am Katzentisch auf der Hochzeit eines Arbeitskollegen, den ich mir nur mit Minderjährigen teilte, während die Paare gemeinsam dinierten. Denn da wurde sehr klar: Ich habe ein Problem – oder die anderen haben eines mit mir. »Wohin mit dem komischen Single, der die Tischordnung durcheinanderbringt? Ah ja, da hinten ins Eck, zu den Kindern, da stört sie niemanden.« Hätte es damals schon ähnliche Anbieter wie das japanische Unternehmen mit dem gruseligen Namen »Family Romance« gegeben, bei dem man Schauspieler für derlei Anlässe als »Miet-Freunde« buchen kann, vielleicht wäre ich dann doch schwach geworden und hätte das nächste Mal ihre Dienste in Anspruch genommen, nur um den Abend auch mit Erwachsenen verbringen zu dürfen. Aber nun saß ich da also, neben dem etwa 16-jährigen Lukas, der sich mit viel Hingabe etwas Schweinefilet aus der Zahnspange pulte, und überlegte, was genau ich hier zu suchen hatte und ob ich mein überteuertes Geschenk nicht als Trost wieder mitgehen lassen sollte. Übrigens auch so ein schönes Privileg von Menschen, die heiraten. Man stelle sich vor, ich würde zu meinem 40sten oder einem beliebigen Tag, an dem ich die Liebe zu mir selbst oder meinen besten Freunden feiere, einen Geschenketisch in einem Kaufhaus in Auftrag geben, von dem sich meine Gäste etwas aussuchen »dürfen«. Aber natürlich macht das keiner. Schade eigentlich, denn man kann ja durchaus auch in einem Single-Haushalt eine überteuerte Nudelmaschine und schickes Geschirr gebrauchen. Denn die essen wirklich nicht nur gebratene Nudeln vom Lieferdienst im Herzchen-Bademantel vor dem TV – auch wenn das wohl eines der beliebtesten Bilder der Fernseh- und Filmgeschichte ist, um einen Single an seinem üblichen Samstagabend darzustellen.

War ich in dem Moment auf der Hochzeit unglücklich, kam mir klein und kläglich vor? Ja, natürlich. So mit Selbstbewusstsein überladen, dass ich da nicht schlucken muss, war ich leider nicht. Lag das aber daran, dass ich grundsätzlich unglücklich war? Nein. Sondern daran, dass ich nicht als vollwertiges Mitglied dieser Feier wahrgenommen wurde, weil ich nicht mit »Plus 1« auftauchte. Soziale Ausgrenzung ist eine Grundangst von uns Menschen, und nichts anderes hatte ich in dieser Situation erlebt. Mit dem Älterwerden sind es diese sich wiederholenden Bilder und Ausschlusssituationen, die entscheidend daran mitwirken, dass die traurige, suchende Single-Frau noch immer die denkbar realistischste Form einer Frau ohne Paarbeziehung, ohne Kinder ist. Aber es beginnt eben schon wesentlich früher, in einem sehr viel intimeren Kreis. Der Druck auf Single-Frauen entsteht meist innerhalb der Familie als Keimzelle dessen, was man als gut und richtig ansieht. Und genau dort wirkt sie auch am heftigsten. Einerseits weil sie meist als erstes Vorbild für das »gute Leben« dient, und andererseits weil dir niemand emotional mehr zu Leibe rücken kann als jemand, der dir extrem nah ist. Jemand, von dem man in der Regel auch möchte, dass er stolz auf einen ist, von dem man nicht traurig angeschaut werden will, wenn es um das eigene Leben geht. Und nicht selten beginnt das eben mit dem gut gemeinten: »Ich wünsche mir so, dass du jemanden findest und glücklich wirst.« Dieser Satz, der allzu leichtfertig bei jeder sich bietenden Gelegenheit auf den Tisch kommt, ist nicht nur von Grund auf verletzend, weil er alles bislang Erreichte infrage stellt, sondern überhaupt das, was selbstverständlich sein muss: Man kann auch mit sich allein glücklich sein. Und viel mehr noch, man muss es. Und allein meint hier ausdrücklich nicht einsam. Liebe gibt es nicht nur zu zweit. Den Satz: »Meine Ehe ist das Beste, was mir je passiert ist«, hört man dagegen fast nie. Und das gibt einem doch zu denken. Macht man das alles häufig nicht doch nur, um es mal gemacht und um diesem gesellschaftlichen Kanon wenigstens einmal Genüge getan zu haben?

Wir sind bei aller Freiheit eben noch immer eine Gesellschaft, die zutiefst an die Erwartungen an eine klassische (Liebes-)Laufbahn gen Ehe und Kinder geprägt ist – auch wenn das immer wieder als optional abgetan wird. Genau deshalb bringt uns die Gewissheit, dass wir theoretisch sehr viel freier in die Welt ziehen und unser Leben gestalten können, herzlich wenig. Wenn die Erwartungen an unser Privatleben und an das, worin wir vermeintlich Glück finden können, immer noch die gleichen sind wie die an unsere Mütter, dann verliert die Botschaft von ihnen an uns an Wahrheit. Und das schmerzt besonders, wenn man davor wirklich daran geglaubt hat, dass nun alles anders sei. Denn das schürt auch ein Misstrauen gegenüber den Frauen, die uns etwas anderes vermittelt haben. Misstrauen gegenüber Frauen, die doch auch erfahren haben, dass eine Ehe und Kinder nicht Glück per se bedeuteten. Misstrauen gegenüber den Frauen, von denen nicht wenige sehnsüchtig erzählen, was sie alles gemacht hätten, wenn sie keine Kinder bekommen hätten oder erst sehr viel später. Und Misstrauen gegenüber jenen Frauen, die für uns so viel erkämpft haben. Ohne deren Zutun wir in Sachen Gleichberechtigung nicht im Ansatz da wären, wo wir heute stehen. Aber am Ende ist es wahrscheinlich so, wie die Journalistin und Autorin Elke Buschheuer es in einem Artikel über die Machtungleichheit zwischen Männern und Frauen beschreibt: »Rein gesellschaftlich gesehen sind auch die selbstbestimmtesten Frauen von Männern dressiert worden, ob uns das passt oder nicht. Von Müttern erzogen, von Männern dressiert. Oder, korrekt, von Müttern erzogen, die von Männern dressiert waren und die wiederum von Müttern erzogen wurden, die von Männern dressiert waren, welche wiederum von Müttern erzogen wurden, die von Männern dressiert waren.«[18] Wir, Männer und Frauen, sind vom alten Mief noch so sehr umgeben und durchdrungen, dass wir selbst dann danach handeln, wenn die Tür zu etwas Neuem schon an die Wand gemalt wurde. Eine Tür, die schon von manch einer und einem durchschritten wurde. Und dennoch ist es nach wie vor kein offener Durchgang. Das zeigte sich auch in Situationen, in denen mir meine Mutter als junge Frau Berufe nahelegte, mit denen mir später die Vereinbarkeit von Job und Familie leichter gelingen würde. Dass die nichts mit meinen Talenten und Wünschen zu tun hatten, zählte nicht. Dass noch überhaupt nicht klar war, ob ich je eine eigene Familie haben würde, ebenso. Und bei allem Ärger darüber: Sie hatte mit ihrem Hinweis natürlich nicht unrecht, denn Vereinbarkeit ist auch heute noch sehr viel mehr ein Mütterthema, als es ein Thema für Väter ist. Aber letztlich liegt doch genau hier eine weitere Wurzel des Drucks, der trotz der neuen Möglichkeiten nicht weichen will und den man als Single-Frau später auch von anderen Menschen erfahren wird. Wir haben ihn alle gelernt, und, viel schwerwiegender, er wird in den meisten Fällen biologisch und damit auch als unabänderlich begründet. Das Bewusstsein über die Erwartung, einem bestimmten Lebenslauf folgen zu sollen, wird schon früh in uns eingeschrieben. Und das wird sich erst ändern, wenn wir auch innerhalb der Familien das Vertrauen weitergeben und halten können, dass wir alle frei unser Leben gestalten müssen und andere gute Entscheidungen für sich selbst treffen, auch wenn sie nicht den eigenen Vorstellungen entsprechen. Vertrauen nicht als

---

18 Elke Buschheuer: Die dressierte Frau: https://sz-magazin.sueddeutsche.de/
leben-und-gesellschaft/die-dressierte-frau-85568

Gefühl, sondern als Akt, als Handeln. Bleibt Vertrauen allein ein Wort, dann kann daraus nichts entstehen, außer immer wieder zum Gefühl des Scheiterns zurückzukehren. Frausein ist so viel mehr als das, was uns traditionell zugeschrieben wird. Es mag also frustrierend sein, dass wir alle in einer Form durch ein patriarchales Gesellschaftssystem dressiert worden sind, aber das Gefühl, das Bewusstsein darüber, können wir dennoch für uns nutzen – für eine Veränderung!

Und genau da kehren wir wieder zu der Frage meiner Freundin zurück, die ihrem eigenen Glück zu misstrauen beginnt, weil sie oft genug zu hören bekam: So sieht Glück nicht aus. Ein interessanter Reflex, der sehr viel mehr über die Person sagt, die das anmerkt, als über jene, die damit gemeint ist. Zu dieser hoffnungsgetränkten Idee, dass es eben doch eine feste Formel dafür gäbe, die sich mit drei Worten weitergeben und jedem überstülpen lässt, hat auch schon Simone de Beauvoir in ihrem 1949 erschienenen Buch »Das andere Geschlecht« etwas Wichtiges, wenn nicht das Wichtigste angemerkt: Es ist schlicht nicht möglich, den Glücksgrad anderer Menschen zu erfassen – und doch wird das immer wieder versucht und auch akzeptiert, ohne wirklich zu hinterfragen, aus welchen Motiven das möglicherweise geschieht. Geht es um meine private Sicht der Dinge oder wirklich um das Glück als solches und das Glück meines Gegenübers? Genau diese Vermischung kreiert doch Zustände des Unglücklichseins, die es gar nicht (mehr) bräuchte. Diese Bewertung des Glücks durch außen kann Menschen, die das traditionelle Familienglück leben, natürlich genauso begegnen wie jenen, die einen anderen Weg gehen.

Letztere trifft das aber noch immer sehr viel häufiger. Dabei steigt die Anzahl der Single-Haushalte in Deutschland in den letzten Jahren immer weiter[19] – und hier sind Wohngemeinschaften oder Familienhaushalte, in denen Singles leben, noch nicht einmal miteinbezogen. Und dennoch ist die Idee von einem guten, lebenswerten Leben noch nicht wirklich heterogener geworden. Und weil die meisten von uns wohl nach dieser schillernden Idee eines glücklichen Leben streben, macht es natürlich etwas mit einem Menschen, aber vor allem mit einer cis Frau, die sich zusätzlich immer noch mit dem Vorhandensein ihrer Gebärmutter und der Jugend als Ideal auseinandersetzen muss, wenn sie neben all dem verteufelt guten Zeug, oder auch dem vollkommen Banalen, mit dem sie ihr Leben füllt, ständig zu hören bekommt, sie würde damit ihre besten, also saftigsten und knackigsten Jahre vergeuden, wenn sie nicht auch noch eine Beziehung habe, und der Heiratsmarkt würde ja nicht besser. Wenn sie ständig zu hören bekommt, sie würde ihre Energie in vermeintliche Luftschlösser stecken, die sie am Ende doch nicht glücklich machen, während sich das Portal für das wahre Glück schließe.

Das erzeugt neben dem Druck auch Angst, beides Gefühle, mit denen man Menschen instrumentalisieren kann, um sie, Sara Ahmed folgend, dahin zu bringen, dass man sich doch wieder in Rollenkonformität begibt oder zumindest mit dem unangenehmen Gefühl leben muss: So, wie ich es mache, ist es nicht richtig. So, wie ich bin, ist es nicht richtig. Dieser Mechanismus funktioniert auch ganz wunderbar bei anderen Themen, etwa bei der Stigmatisierung von dicken Menschen. Ganz ungeachtet dessen, ob sie unfit oder unglücklich sind, denn, Überraschung, beides ist man

---

19 https://de.statista.com/themen/60/single/

nicht automatisch, weil man mehr Kilos mit sich herumträgt, werden sie im Mainstream ganz selbstverständlich als solche verkauft. Werden sie täglich mental darauf trainiert, sich nicht wohl in ihrem Körper zu fühlen. Die beiden Themen sind sich in dem, wie sie gesellschaftlich verhandelt werden, gar nicht so fern. Wer dick ist, erzählt mit seinem reinen Aussehen eine Geschichte über sich, genauso, wie es ein Mensch tut, der Single ist. Bei dicken Menschen sind das dann Labels wie »faul«, »unglücklich«, bei Singles »traurig«, »suchend«, »allein«. Nur dass es nicht zwingend ihre Geschichten sind, sondern häufig die der anderen – die damit aber in ihre eigene Realität reinwirkt. Diese Abwertung ist ein sehr wirkungsvolles Werkzeug – nicht nur, um bestehende Systeme zu rechtfertigen, wie etwa Schönheitsideale oder auch Lebensformen, sondern auch um die eigene Lebensweise zu verteidigen. Das muss noch nicht einmal in vollem Bewusstsein oder mit bösem Willen geschehen – viel von dem, was wir weitergeben, haben wir ja längst so in uns drin, dass wir gar nicht mehr darüber nachdenken. Genau deshalb ist es aber so wichtig, über diese kleinen, fast unbewussten Sprachakte nachzudenken, die eine enorm große Wirkung haben. Denn: Sprache formt Realität, Sprache hat Macht. Vor jedem emanzipatorischen Akt steht eine sprachliche Aneignung, um sich selbst und die eigene Wahrheit sprachlich ausdrücken zu können. Oder wie der Journalist Georg Diez einmal so treffend in einem anderen Kontext schrieb: »Die Welt entsteht durch die Geschichten, die wir uns erzählen. Geschichten, das merken wir in diesen Tagen wieder einmal besonders stark, schaffen eine Realität, die erst dadurch sichtbar wird, dass wir Worte dafür finden. Und wenn sich die Worte ändern und die Geschichten, ändert sich auch die Welt.«[20] Bei den arglosen Erzählungen, die unseren Alltag prägen, vergisst man gerne die Kraft, die sie haben. Lässt sich das Gegenüber auf mich ein, kann ich durch das intensive Erzählen von einem Tag am Strand das Gefühl von Wärme erzeugen, aber umgekehrt, mit all dem Reden über einen Mangel und eine düstere Zukunft, auch das von Einsamkeit und Angst. Irgendwann weiß das Gehirn nicht mehr, was wahr und was fiktiv ist, und dadurch wird alles Realität. Deshalb ist es wichtig, nicht nur vom Mutter-Glück oder dem Beziehungsglück, sondern auch vom Single-Glück zu sprechen. Und deshalb macht es auch einen Unterschied, ob man Menschen ohne Kinder als kinderlos oder als kinderfrei bezeichnet – was gemeinhin natürlich niemand macht, weil ja immer von einem Fehlen, von einem Manko ausgegangen wird. Ein Manko, in dem sich selbstredend überhaupt nicht jeder Mensch ohne Kind wiederfindet, sich aber trotzdem damit als Umschreibung seiner selbst herumplagen muss – es ist eben nicht »normal«!

Was gemeinhin als »normal« gilt, ist eben noch sehr an traditionelle Bilder geknüpft, die immer wieder in der ermüdenden Vorstellung eines »Alle machen das doch so, deshalb muss das richtig sein oder glücklich machen« endet. Ja, dieses orakelnde »alle«, von dem wir doch wissen, dass es das nicht gibt, ist ein schöner Wegbereiter für ein Totschlagargument. Aber die Entscheidung von vielen, wie es richtiger heißen müsste, ist eben nicht zwingend die beste Entscheidung für den Einzelnen. Wenn gerade wir Frauen dem vertrauten Argument des »Alle-machen-das-eben-so« unsererseits nicht

20 http://www.spiegel.de/kultur/gesellschaft/adam-smith-aus-feministischer-
    perspektive-die-mutter-aller-maerkte-a-1208513.html

irgendwann misstraut hätten, dann würden wir doch heute noch daran glauben, dass wir am Herd sehr viel besser aufgehoben sind als im Meeting. Würden wir noch daran glauben, dass es ausschließlich Männern vorbehalten sein sollte, auch außerhalb einer Familie ein Wirkungs- und Sinnfeld zu finden. Ob im Sowohl-als-auch oder in der Entscheidung für beziehungsweise gegen das Eine. Der Schlüssel dafür, dass wir dieser Wahrheit irgendwann misstraut haben, war ja aber nicht nur reine Ratio, sondern auch das Vertrauen in uns selbst – das Vertrauen, selbst zu wissen, was gut für uns ist, was wir können, was sich richtig für uns anfühlt, was alles in uns wohnt. Wenn man ein glückliches Leben führen will, kann es nicht darum gehen, sich blind sozialen Normen zu unterstellen, die irgendwann mal festgelegt wurden, sondern muss doch im Vordergrund stehen, was wir jetzt und für uns wollen. Und welche Beziehungen wir zu anderen Menschen pflegen, ohne dass das eine Paarbeziehung sein muss. Das sieht übrigens auch George Vaillant so, der Leiter der Grant-Studie[21], die seit fast 80 Jahren das Glück erforscht. Er sagt, seinen Studien zufolge liege Glück in einer echten und tiefen Bindung zueinander. Da sich die Studie allerdings wieder einmal um Gefühlszustände dreht und zudem ausschließlich mit Männern, und dann auch noch mit sehr gut situierten Harvard-Absolventen, durchgeführt wird, sollte man ihr möglicherweise auch misstrauen. Und dennoch, die Idee kommt dem sicher sehr viel näher, als eine mögliche Version eines Lebenslaufes zu der Formel für andere zu erklären.

---

21 The Study of Adult Development, http://www.hms.harvard.edu/psych/ redbook/redbook-family-adult-01.htm.

4.

»Streng dich doch mal an«: Wer Single ist, ist selbst schuld

All my heroes are weirdos.
!!! (Chk Chk Chk)

So viele Abende sehen nach Spaß aus, wenn sie darauf hinauslaufen sollen, den Blick in guter Gesellschaft irgendwann auf den Boden eines Weinglases zu richten. Bis es dann doch anders kommt. Entweder, weil man zu oft auf den Boden des Glases geschaut hat, oder weil Gespräche mit Menschen nun einmal selten ausschließlich spaßig sind. So kam es auch an diesem Abend, obwohl er eigentlich so viel Gutes versprach. Schließlich saß ich mit zwei meiner Liebsten endlich mal wieder in unserer Stammkneipe, vor uns eine Flasche Wein, im Hintergrund schrecklich schmalzige französische Chansons. Mit im Gepäck: Kein Wille zur Contenance und viel von dem auf dem Herzen, über das es sich mit ein paar Gläsern intus noch besser erzählen lässt. »Triffst du dich eigentlich noch mit Konrad?«, fragte irgendwann eine der beiden. »Noch so ein Malheur«, nuschelte ich in mein Glas. »Nein, daraus wurde nichts. Schade eigentlich, der war wirklich ganz nett!« Meine Freundin fixierte mich eigenartig, das konnte sie besonders gut: »Aber wenn er nett war, warum bist du dann nicht drangeblieben?« Jetzt musste ich lachen: »Was meinst du damit?« »Na, warum hast du nicht erst mal noch abgewartet, ob nicht doch was draus wird? Nicht immer gleich aufgeben!« Ich musste wieder lachen: »Wo soll ich denn dranbleiben, es hat zwischen uns einfach nicht gefunkt!« Diese Begründung war aber offensichtlich nicht witzig und für sie tatsächlich kein valides Argument dafür, dass ich nun einfach weiter Single bin. »Du musst dich eben auch mal ein wenig anstrengen, von allein kommt das auch nicht«, seufzte sie. »Aha, ich hätte also auf jeden Fall den Laden am Laufen halten müssen, um endlich die Kurve zu kriegen, ja?« Jetzt stöhnte sie entnervt auf – und setzte dann zu einem ambitionierten Floskel-Monolog darüber an, dass es den perfekten Partner sowieso nicht gibt. Und überhaupt, dass ich doch froh sein solle, wenn wir uns grundsätzlich verstanden haben, schließlich sei ich auch nicht die Einfachste, und so wenig, wie ich ausginge, wann soll da wieder jemand kommen. Gegen Tinder habe ich mich ja auch verschworen, das könne man ja heute auch nicht mehr bringen, wenn man auf »der Suche« ist.

Aha, ich war also auf »der Suche«. Während ich mich langsam in einer Situation wähnte, die gleich auf den Vorschlag einer arrangierten Ehe hinauslaufen würde – »Die Liebe kommt schon noch, davor reicht Sympathie!« –, holte sie tief Luft. Was, wahrscheinlich um die Situation zu retten, die Dritte im Bunde nun als Gelegenheit nutzte, schnell einzuwerfen, dass sie es ja sehr stark von mir finden würde, mich nicht gleich an den Erstbesten zu binden. Na wunderbar. Da war er wieder, der gleiche Reflex, aus dem auch

Frauen jenseits der Konfektionsgröße 40 gerne eine besondere Power-Attitüde attestiert wird, weil sie »trotz« der Kilos »mehr« auf den Hüften so selbstbewusst durchs Leben gehen. Oder weil sie überhaupt sichtbar durchs Leben gehen, ohne Scham über den eigenen Körper zu signalisieren. Weil es immer noch nicht normal ist, sich als (vermeintlich) dicke Frau oder auch als Single-Frau gut zu fühlen, da braucht es schon besondere Stärke, um das auszuhalten und trotzdem gut drauf zu sein. Mit was für Knallchargen saß ich hier eigentlich am Tisch, und wo waren die klugen Frauen hin, mit denen ich mich eigentlich verabredet hatte? Stattdessen krochen aus ihren Mündern allerlei Worthülsen, mit denen man doch eigentlich abgeschlossen haben wollte. Aber die so lange gelernten Antworten auf zwischenmenschliche Fragen bilden eben eine so wohlig vertraute Patina, dass man sie zwar hin und wieder wegwischen kann, aber irgendwann setzt sie sich eben doch wieder fest. »Und jetzt sagt ihr mir sicher gleich auch noch, dass ich mich doch erst einmal selbst finden sollte, um die Liebe zu finden, oder verratet mir die zwanzig besten Blowjob-Tricks, die mich garantiert zur Traumfrau werden lassen?« »Na ja, schaden würde das ja sicherlich nicht.« Wenigstens wurde jetzt gelacht. Aber das änderte auch nichts daran, dass wir mitten in das klischeegespickte Gespräch geraten waren, in das man so leicht abrutscht, wenn man über Männer, Frauen und die Liebe spricht: Frauen sind schwierig, weil sie ja doch nicht wissen, was sie wollen, Männer müssen für die romantische Liebe erst begeistert werden, indem man ihnen entsprechend entgegenkommt. Im Zweifel mit trickreichen Blowjobs. Und für die Liebe sollte man natürlich mit sich im Reinen sein. Bis alles endlich in den Traum führt, der für ein gut gelebtes Leben gilt: die Paarbeziehung. Schöne, kleine, heile Welt?

Es ist auch kein Wunder. Insbesondere Geschlechterklischees, so lachhaft sie sich oft geben, beherrschen eben immer noch zu großen Teilen den Alltag. Und befeuern so genau das System weiter, in dem Gleichberechtigung im privaten wie im öffentlichen Raum noch nicht selbstverständlich ist, Frauen eine starke Schulter brauchen und Mädchen sich auf wundersame Weise seltener für Naturwissenschaften, sondern eher für die sogenannten Frauenberufe in der Erziehung oder Pflege interessieren. Oder Frauen um die 30 kaum eingestellt werden, weil sie eine Schwangerschaftszeitbombe sind und später nur ein verschwindend geringer Prozentsatz von ihnen in der obersten Führungsetage sitzen wird. Wer es dennoch geschafft hat, wird gefeiert oder skeptisch beäugt wie eben jene glückliche dicke Frau oder glückliche Singles, weil sie sich dem noch immer Selbstverständlichen entziehen, es austricksen und für sich entscheiden. Es sind die immer gleichen Reaktionen, die zeigen, dass Selbstbestimmtheit für Frauen eben noch nicht die Norm ist, auch wenn das allzu gerne als Thema von gestern abgetan wird. Das Trügerische an dem vermeintlich und manchmal vielleicht sogar charmant wirkenden Überholten ist ja, dass es so harmlos scheint, dass es einfach immer weiter im gesellschaftlichen Getriebe seinen Schaden anrichten kann. Aber das Machtungleichgewicht, das dann vor allem oben sichtbar wird und an dem wir uns heute noch genauso abarbeiten wie in den 70er Jahren, baut sich eben von unten auf. Es beginnt mit all dem, was man schon dachte, abgehakt zu haben, das aber weiter im Gesellschaftsgetriebe wirkt und wie Sand zwischen den Rädern klemmt. Und dann wundert man sich wieder, dass ein Comedian wie Mario Barth mit diesen Klischees ganze Hallen füllt, Zehntausende zum Lachen bringt. Weil er vielen eben von einer bekannten Welt erzählt. »Haha, genauso ist es doch, Schatz, ich kann eben wirklich besser einparken!« Oder man wundert sich, warum sich in zwölf Jahren mit Angela Merkel und damit einer Frau an der Spitze nicht viel mehr in Sachen Frauenpolitik und Gleichstellung getan hat. Aber eine Frau allein bedeutet eben noch keinen Fortschritt, und Politik ändert auch nur bedingt, was gesellschaftlich noch immer gang und gabe ist. Für viele Menschen sind die traditionellen Rollenbilder als Norm kein Relikt der Vergangenheit, und damit sind sie das in letzter Konsequenz für alle von uns nicht. Aber um auf den Abend zurückzukommen: Viel interessanter als die Geschlechterplattitüden, die meine Freundinnen von sich gaben, fand ich die perfide Idee eines selbst verursachten Misserfolges, weil ich nun weiter ohne Partner durchs Leben gehe. Dieser feste Glaube daran, dass man sich Liebe erst irgendwie erarbeiten muss, um sie überhaupt zu verdienen. »Du hättest dich mehr anstrengen müssen!« Was ist das nur für eine Idee davon, dass, wer Single ist, irgendwie falsch sein muss, innerlich und äußerlich quersteht, nicht bereit ist für die Beziehungsrohmasse, die täglich an einem vorbeirauscht. Dabei wäre genau das jetzt die Aufgabe: Kopf hoch, Brust raus, Hintern zusammenkneifen und zupacken, no matter what! Bevor es zu spät ist. Streng dich mal an und dann raus aus dem Alleinsein, Quatsch, der elenden Einsamkeit! Wenn nötig eben mit Blut, Schweiß und Tränen. Der Leistungsgedanke macht eben selbst bei der romantischen Liebe nicht halt. Und das endet dann in einem verbalen Machtspiel, das Singles erfolgreich als gescheitert etikettiert.

Aber Moment, ist da nicht vielleicht doch etwas dran? Braucht es eben nicht ein wenig Anstrengung, um sich begehrenswert zu machen? Hier muss ich wieder an meine Teenagerzeit zurückdenken, in der ich und meine Freundin nun heftig nickend zugestimmt hätten. Es hätte für mich keinen logischeren Schluss nach einem missglückten Date gegeben, als mit mir und meiner mangelnden Bereitwilligkeit, die Schlacht um eine Beziehung auszufechten, zu hadern. Denn mein 16-jähriges Ich verbrachte samt Freundinnenschar sehr viel Zeit damit, sich Gedanken darüber zu machen, wie das eigene Verhalten und das Aussehen im Zusammenhang damit stehen, für Jungs attraktiv zu sein. Es wurden also fleißig BHs mit Taschentüchern ausgestopft oder, der Einfachheit halber, gleich zwei Push-ups übereinander gezogen, das verrutscht wenigstens nicht. Einmal beschworen wir sogar gemeinsam in der Mädchentoilette die noch nicht werden wollenden Brüste einer Freundin, die über das langsame Wachstum massiv unglücklich war. Übrigens mit Erfolg, nur ein paar Monate später begann es zu sprießen, was wir natürlich uns auf die Fahne schrieben. Es war, als hätten wir Feuer auf einer einsamen Insel gemacht, nur viel besser. Dass ihre Brüste total normal für eine 16-Jährige und ihren schmalen Körperbau waren und auch normal und wunderschön wären, wenn sie vermeintlich nicht dazu »passen« würden, wenn sie bereits ausgewachsen und sehr viele Kilos mehr drauf gehabt hätte, auf derlei Gedanken kamen wir überhaupt nicht. Schließlich müssen Brüste nicht nur irgendwie wachsen, sondern auch rund, prall und exakt symmetrisch sein, so wie jene der erwachsenen (!) Bikini-Models, mit denen wir uns damals so fleißig verglichen. Oder wir legten uns Feuchtigkeitsmasken für eine straffere Haut auf, weil wir schon Schlaffheit im Welpengesicht wähnten, und bezogen die Wirkung des Pos beim Jeanskauf ebenso stark in die Kaufentscheidung mit ein wie Farbe und Waschung. Zudem machten wir uns natürlich auch viele Gedanken, wo wir denn gerade in der Rangordnung standen. Waren wir niedlich, cool und lustig genug, um Aufmerksamkeit und dadurch einen Freund zu bekommen? Und wenn nicht, was könnten wir dagegen tun? Fatalerweise befragten wir dazu gerne Jugendzeitschriften, die sehr fragwürdige Tipps für Mädchen hatten, die cool und niedlich wirken wollen. Das klang dann etwa so: »Senk deinen Kopf und schau keck schmunzelnd mit einem Augenaufschlag zu ihm herauf, wenn er dich anspricht.« Ich muss wahrscheinlich nicht erwähnen, dass wir das ausprobierten und uns damit zum Affen machten. Aber das war eigentlich auch egal, denn unsere Anstrengungen waren ohnehin verloren: Denn wer einen Freund oder eine Freundin hatte, war sowieso wesentlich spannender als jene ohne – und stieg dadurch automatisch auf der Coolness-Skala auf. Eine soziale Regel, die uns weiter ins Erwachsenenleben begleiten sollte. Es war ein ewiger, bekloppt machender Kreislauf, den wir mit viel Aufwand versuchten für uns zu entscheiden. Aber zu gewinnen gab es in diesem Wettkampf gegen sich selbst und die anderen natürlich: genau gar nichts. Der Gedanke also, dass man an sich selbst arbeiten, bestimmte Voraussetzungen schaffen und etwas leisten muss, um auf dem Liebesmarkt eine Rolle zu spielen, den gab es schon sehr früh. Es war das Normalste der Welt, fühlte sich auch gut und richtig an, zumindest, wenn man einigermaßen mithalten konnte. In diesen Reigen einzustimmen bot ja nicht zuletzt auch Zugehörigkeit und eine Art kategorische Sicherheit, in einer Zeit, in der man sich und der Welt wohl mehr misstraut, als man es je wieder tun wird. Von heute besehen befanden wir uns damals wahrscheinlich mitten im Beauvoir'schen »Frau werden«. Durch das, was uns angetragen wurde, und durch das, was wir selbst mit Lust bedienten. Und während ich dieses Frauwerden eigentlich genoss, schielte ich doch nicht selten bewundernd rüber zu meiner Freundin Janne, die im besten aller Sinne ein Tomboy war, auch wenn wir den Begriff damals nicht kannten, die nur Unterhemden und Kapuzenpullis trug und sich irgendwann spontan ihre Haare millimeterkurz abrasierte. Ich bewunderte sie, ohne genau zu wissen, warum. Heute glaube ich, weil sie sich nicht in dem vermeintlichen »Muss«, das neben dem Spaß auch Teil des Spiels war, verheddert hatte. Aber über all das dachte ich damals noch nicht nach. Es gab nichts nachzudenken, man machte es eben so, und ich machte mit.

Vielleicht lag das ernsthafte Nachdenken über diese Mechanismen viele Jahre später aber auch daran, dass ich irgendwann einfach nicht mehr bereit war, all dem selbstverständlich zu folgen, ohne zu fragen, ob das wirklich sein muss. Natürlich hatte uns auch damals niemand gezwungen, unser Aussehen und Verhalten für den Wunsch nach Liebe und Zuneigung zu trimmen – nein, vielmehr hat sich unser Handeln einfach aus den Beobachtungen unserer weiblichen Vorbilder ergeben. Bis ich irgendwann merkte, dass all das zwar irgendwie aufging, aber mehr und mehr an mir zu zerren begann. Denn wann ist denn Schluss, mit dem besser und schöner werden? Und für was werde ich denn gemocht, wenn ich einer universellen Schablone gleichen muss? Und wieso bin ich die, die ich bin, wenn dieser Mensch nie genug ist? Aber auch wenn ich langsam meine Zweifel an der Le-

72

bensaufgabe der Selbstoptimierung hegte, um mir dadurch Zuneigung zu erkaufen, hörten die Dialoge wie jener mit meinen Freundinnen in der Bar ja nicht auf, sie häuften sich vielmehr, mit jedem Jahr, das ich älter wurde – türmten sich auf zu Dialogbergen, hinter denen ich gerade mal noch mit dem Kopf hervorschauen konnte, um vollkommen lächerlich sinnlos, weil ungehört, zu rufen: »Hallo, ich glaube, ich muss mich gar nicht verbiegen, nichts aushalten, um liebenswert zu sein!« Manchmal glaubte ich mittlerweile wirklich daran, nichts zu müssen, manchmal wieder nicht. Manchmal saß ich auf der einen Seite des Tisches und manchmal auf der anderen. Denn so einfach ist es ja nicht, mit dem besser und schöner werden Wollen aufzuhören. Zuschreibungen von außen sind eben genauso machtvoll, um Realitäten herzustellen, wie die, die wir uns selbst geben.

Natürlich hatte ich diesen seelenlosen Dialog über meinen Anteil am »belastenden« Single-Sein auch schon unzählige Male mit meiner Mutter geführt, und auch das prägte. Bei ihr führte die Lösung des von ihr identifizierten »Problems« dann von Vorschlägen aus dem Handbuch ihrer eigenen Jugend, wie: »Geh doch mal in die Tanzschule!« bis hin zu, und das war eigentlich überwiegend, ebenfalls meinem aktuellen Aussehen. Etwa meine Haare, die mir mal wieder gar nicht schmeichelten beziehungsweise unmöglich aussahen, wie sie ihre Kritik subtil zum Ausdruck brachte; um meine Figur, die ja auch mal besser gewesen sei; um meine grundsätzlich miesepetrige Haltung, »lächle doch mal öfter, dann siehst du gleich ganz anders aus!« oder um meine Diskussionsfreude, darauf hat doch nun wirklich keiner Lust. Man könnte darüber wieder einmal einfach lachend den Kopf schütteln, sie meinte es im Grunde ja nur gut, weil sie nun einmal an diese

Schönheitsideale bei Frauen und das bessere Leben zu zweit glaubt. Aber wenn man dem mal weiter nachgeht und sich das Bild vorstellt, das sich von einem Mann ergibt, den ich stumm, mit einem krampfigen Dauerlächeln und Föhnfrisur anziehen soll, läuft es einem doch kalt den Rücken runter. Für was für einen Typ wäre ich, dann mehr atmender Sex-Roboter als Mensch, denn anziehend? »Mein Gott, siehst du! Immer musst du dich anstellen, so meint das doch keiner!« Tja, aber leider sagte sie letztlich eben genau das: Mach dich zurecht und verhalte dich so, dass du für dein Gegenüber so angenehm wie möglich bist, dann mag dich schon jemand. Nur: Ob ich mich dabei auch noch mag? Das war erst einmal zweitrangig. Und dabei ist es nicht so, dass ich nicht auch zu hören bekommen hätte, dass ich toll bin, dass ich schön aussehe, dass ich lustig und schlau bin. Es ging aber darum, genau diese Zustände zu halten und sie auszubauen – und das nicht in erster Linie für mich, sondern für einen ominösen »anderen«. Es ist deprimierend, dieses ständige Wiederholen dessen, was Mädchen und Frauen seit Jahrhunderten gepredigt wird. Ohne wirklich zu hinterfragen, ob das ernsthaft der Wunsch für die eigene Tochter oder für irgendjemand sein kann. Ob jemand, der so einen Rat ernst nimmt, jemals die sein kann, die sie ist. Oder die sie sein könnte. Oder ob man damit überhaupt jemals die Hauptrolle im eigenen Leben spielen kann. Hätte meine Mutter all das hinterfragt, so hätte ich ihren Rat ganz sicher nicht bekommen. Hätte ich nicht die Botschaft erhalten, die mich als junge Frau so drangsalierte, weil ich damals tatsächlich noch daran glaubte, dass es wirklich so schmerzhaft einfach sein könnte: Wenn du Single bist, bist du wohl einfach nicht gut genug.

Denn meine Mutter hat mir, man mag es nach diesen

Worten kaum glauben, in vielen anderen gesellschaftspolitischen Fragen und auch Beziehungen als Erste eine feministische Sichtweise eröffnet. Aber die Idee des »Sich-Schön-Machens«, »Lieb-Freundlich-Und-Aufgeräumt-Seins« und des »Auch-Mal-Aushalten-Könnens« perlt davon magisch ab – als habe das eine mit dem anderen nichts zu tun, als sei das eben so, unveränderbar. Das gehört dazu. Unrecht hatte sie aber auch damit ja nicht. Es ist nach wie vor nahezu untrennbar mit der Identität einer Frau verknüpft, sich zu marktfähigem Material zu machen. Frauen wird noch immer vermittelt, dass ihre Berechtigung dafür, gemocht zu werden oder überhaupt nur in der Öffentlichkeit stattzufinden, unweigerlich damit verknüpft ist, jung, schön und am besten auch noch angenehm im Umgang zu sein. Die Frage ist aber, wenn meine Mutter und auch diese klugen Frauen in meinem Leben, die mir auf einmal fragwürdige Ratschläge in Bars erteilten, eigentlich für ein anderes Frauenbild einstehen wollen, warum kommen derlei Gespräche überhaupt zustande?

Es liegt wohl daran, dass dieser wahrscheinlich überall auf der Welt stets wiederholende Dialog mehr ist als eine langweilige, ärgerliche, private Auseinandersetzung zwischen Mutter und Tochter oder unter Freundinnen. Sondern in einem größeren Kontext stattfindet, der nicht nur aus traditionellen Geschlechterrollen besteht und der Fixierung darauf, dass zu einem guten Leben eine Ehe, eine eheähnliche Beziehung und bestenfalls Nachwuchs gehören, sondern sich auch unsere grundsätzliche Idee von der Bereitwilligkeit zur Leistung entspinnt, die ebenfalls für ein gelungenes Dasein notwendig ist. Man muss sich schon Mühe geben, wenn man was erreichen will, dann schafft man das auch. Immer. Und

Schönheit wird eben auch als Leistung gesehen – deshalb empfindet man es ja auch gelegentlich als himmelschreiende Ungerechtigkeit, wenn das einer anderen einfach so in den Schoß fällt. Die guten Gene, pah! Aber das betrifft ja nicht nur die Liebe. Schließlich gehen doch viele auch ziemlich bereitwillig davon aus, dass, wenn ein Wunsch in unserem Leben nicht erfüllt wird, man es wahrscheinlich schlicht nicht verdient habe, glücklich zu sein, statt jetzt rational zu bleiben und sich klarzumachen, dass es dafür unendlich viele andere Gründe geben könnte. Mystisch, wer hat uns da was nicht zugestanden? Nicht unschuldig an solchen Gedanken sind sicherlich auch Kindheitserfahrungen wie jene, wenn statt des Nikolauses Knecht Ruprecht drohte aufzutauchen. Immer mit der Frage verbunden: »Hast du die Schokoladen denn überhaupt verdient?« Gruselig, wie selbstverständlich dieses Leistungssystem, verbunden mit Belohnung oder Bestrafung, schon die Kindheit geprägt hat. Und wen wundert es, dass bei so einer Prägung unsichere erwachsene Menschlein herauskommen, die nicht nur sehr bereitwillig kritisch auf sich selbst blicken, sondern auch meist misstrauisch nach einer möglichen Falltür suchen, wenn jemand einem etwas Gutes tun will – oder wenn ungeplant etwas Gutes passiert. »Steht mir das wirklich zu?« Genau diese Angst, eigentlich nicht gut genug für das Gute im eigenen Leben zu sein, führt dann doch auch zu dem Konsens, dass einem das Gute in Form von Liebe erst durch ein bestimmtes Aussehen, Aushalten und ein angepasstes Verhalten, ja, durch Mühe, zusteht. Viele werden auch als Erwachsene nie müde, die Frage danach zu stellen, ob irgendetwas im Leben wirklich verdient sei: Sei es das tolle Kind, der tolle Job, der gefundene 5-Euro-Schein auf der Straße oder ein nettes Kompliment. »Womit habe ich denn das verdient?« Es ist ein antrainierter Reflex, der sich nach meiner Beobachtung besonders gerne bei Frauen zeigt. Vielleicht weil Frauen im Laufe ihres Lebens immer wieder erfahren, dass sie besonders viel zu leisten haben, um eine Gegenleistung in Form von Aufmerksamkeit, Erfolg oder Zuneigung zu erhalten. Und man wiederholt eben gerne, was einem gebetsmühlenartig von außen angetragen wird. In der ständigen Wiederholung liegt, ganz nach dem Prinzip der Fake News, irgendwann eine Art Wahrheit, die nur noch schwer wegzureden ist. Auch wenn es verdammt viele Argumente dagegen gäbe.

Dem könnte man natürlich die gerade wieder sehr aktuelle Botschaft des »seines eigenen Glückes Schmied sein« entgegenhalten, die eigentlich selbstermächtigend wirken soll. Und wenn man mal ein paar Minuten über Chancengleichheit nachdenkt, muss man zu dem Schluss kommen, dass es sie nicht gibt. Sein Glück selbst wenigstens teilweise schmieden zu können ist ein Privileg, das nur jene haben, die sowieso mit einem soliden Fundament auf die Welt gekommen sind. Und wie dieses »Glück« aussehen soll, ist natürlich auch festgelegt. Karriere, Kids, Geld, Partner, gutes Aussehen, YouTube-Kanal – oder zumindest ein paar dieser Dinge. Ich meine, Bibi, von »Bibis Beauty Palace«, hat es doch auch geschafft. Und du kannst das auch. Aber in dieser Selbstermächtigung schwingt eben auch immer die Drohgebärde mit: Wer es nicht schafft, ist an sich selbst gescheitert.

Den Weg in eine Beziehung stur abarbeiten zu können, wenn man sich nur genug darauf einlässt und an sich selbst herumdoktert, gehört wohl wie jede einfache Lösung auch zum Prinzip Hoffnung. Der Gedanke, dass es dafür aber weder Erleuchtung noch innere Aufgeräumtheit oder die

»richtige« Haarfarbe, sondern vielmehr den Zufall braucht, das scheint dann aber wiederum auf falsche Art und Weise esoterisch, auf einmal beängstigend beliebig. Viel zu verlockend ist es, dem Pawlow'schen Reflex nachzugeben und die Schubladen, in denen schon längst vergilbt die Regeln für ein gelingendes Leben liegen und bereitwillig auf den nächsten Einsatz warten, immer und immer wieder aufzuziehen. Zufall, davon hält ein rechtschaffener Bürger doch nichts. Nein, man muss die Ärmel hochkrempeln, schuften, sich verbessern. So eine lottrige Aussteigermentalität von Singles, da einfach nicht mitzuziehen, die passt nicht zu einer sich durch harte Arbeit definierende, einer Leistungsgesellschaft. Ihr Loser! Liebe bekommen nur die, die was dafür tun. Die ackern, die ihre »Fehler« ausbügeln. Etwa, den Fehler, einen unsexy, unfruchtbaren Duft auszuströmen. Diesen Ratschlag gab tatsächlich mal ein wildfremder Mann in einem Café, als er das Gespräch von mir und ein paar Freundinnen darüber belauschte, dass eine von uns aktuell unglücklich Single ist. Was tat der holde Ritter also? Er kam zum Tisch und setzte zu einer Rede darüber an, dass sie ja sicherlich wie die meisten Frauen heute die Pille nehmen würde, und sie, die Männer, würden dieses Unbefruchtbare, nicht zu Schwängernde in ihrem Eigenduft dann wahrnehmen und sich abwenden. Sie solle die Pille also lieber absetzen. Er kenne sehr viele Frauen, denen dieser Tipp schon geholfen hätte. Wie dankbar wir über diesen wichtigen Ratschlag waren, dieses Wissen, das hier aus purer Freundlichkeit mit uns geteilt wurde, kann man sich sicher ausmalen – Kreativitätspunkte gab es für diesen absurden Mansplainer immerhin trotzdem.

Doch die Frage ist ja, wenn es unsere Aufgabe ist, uns in perfekte Wesen zu verwandeln, die über jeden Zweifel erhaben sind, nicht das Beste gegeben zu haben, um möglichst passgenau in die Erwartung anderer zu flutschen, wohin arbeiten, ja beflügeln wir hoffnungsvollen Dröpse uns da eigentlich? Was ist denn falsch und was richtig, in Sachen Ich, Liebe und Beziehung? Wie soll der perfekt optimierte, vollkommen feingeschliffene Mensch aussehen, was soll er sein? Wir leben in diesen anstrengenden Zeiten, in denen Selbstoptimierung des Körpers und des Geistes ja genauso gefeiert werden wie ein »authentisches« Wesen, das Individuelle, nach dem in Zeiten der allgegenwärtigen Imagination ebenso eine Sehnsucht entsteht. Was dann aber auch nur angebracht ist, wenn das Authentische zugleich besonders ist und auf andere angenehm wirkt. Wie ein Einhorn. Skurril, aber auch schön anzusehen. Und nett sind die sicher auch. Andererseits, was ist gegen das Dasein als schnödes Islandpony eigentlich einzuwenden? Die gibt es im Gegensatz zum Einhorn wenigstens. Und es ist doch wesentlich schöner, ein Leben zu leben, statt es sich nur vorzustellen. Was also soll dieses Beschwören der Selbstoptimierung, wenn es um das Thema Liebe geht?

Natürlich sind Beziehungen anstrengend und brauchen die Bereitschaft zur emotionalen Arbeit – ganz gleich ob Liebesbeziehung, Freundesbeziehung oder familiäre Bindungen. Oder die zu sich selbst. Aber die Liebe, die lässt sich nun mal nicht von Arbeit und gutem Willen beeindrucken. Manchmal ist sie noch Jahre da, nachdem die hartumkämpfte Beziehung oder Freundschaft vorbei ist, oder sie ist schon längst Geschichte, während man noch versucht, mit viel Mühe die Beziehung aufrechtzuerhalten oder sich für den anderen zu ändern. Die Liebe schert sich nicht darum, ob sie einem gerade passt oder man sich nach ihr sehnt, sie taucht einfach auf und macht sich breit, mit ihrem großen warmen Lächeln und dem wohligen Gefühl, das einem auch manchmal das Fürchten lehrt, weil es kaum auszuhalten ist. So fühlt sich das Verlieben, das eigentlich nur ein wenig romantischer, unbewusster Gen- und Immunsystem-Schnell-Check[22] ist, den wir alle bei neuen, potenziellen Romanzen in Sekunden durchführen, zumindest nach erfolgreichem Bestehen im zweiten Schritt an. Es ist also egal, ob man die Liebe versucht zu locken, indem man sich verbiegt und zurechtstutzt – wen wir treffen und für romantische Angelegenheiten in unser Leben lassen, das hat mit Zufall zu tun, dann mit einem Beschnuppern und dann vor allem mit einer beidseitigen Entscheidung. Und bei allem Reiz, der von einer festen Regel ausgeht, ist es nun einmal so, dass niemand einen Anspruch auf Liebe hat. Egal, wie sehr man danach sucht, dafür an sich selbst und anderen rumdoktert, es gibt dieses Anrecht nicht. Und das ist nicht schlimm, das kann sogar ziemlich entlasten – in jeder Art von Beziehung.

Es bringt ja auch alles nichts, denn wie lange sollte eine solche aufs Bezirzen ausgerichtete Scharade für andere gehen? Irgendwann schneppert der künstlich Verbogene nämlich zurück. Peng! Und dann ist der Schrecken groß, wenn die Maske doch irgendwann fällt, die Föhnfrisur und das Lächeln verrutscht, Diskussionen entstehen und der Bauchansatz wieder über den Jeansbund schwappt. Oder man hechtet doch noch schnell vor jemandem zur Seite, den man der Beziehung, nicht der Liebe willen, in sein Leben

---

22 Vgl. Einsame Spitze, Michaela Haas, *Süddeutsche Magazin*, 2009.
    https://sz-magazin.sueddeutsche.de/leben-und-gesellschaft/
    einsame-spitze-76254

gelassen hat. Auch unschön, für beide. Und nicht zuletzt ist diese scheinbare Wunschvorstellung von Männern, oder Menschen im Allgemeinen, mal abgesehen von individuellen Vorlieben, doch auch lächerlich eindimensional. Da trau ich uns durchaus mehr zu. Viele Männer sind da übrigens skeptischer, wie eine Umfrage des Meinungsforschungsinstitut YouGov ergab und laut der sich etwa jeder dritte Mann im Netz schon mal toller und schöner dargestellt hat, als er sich eigentlich empfindet. Der Druck ist also offensichtlich für alle relativ hoch. Wer muss ich sein, dass ich es wert bin, gesehen und geliebt zu werden?

Tja, und wahrscheinlich hält sich deshalb die Idee von der Leistungsbereitschaft, die irgendwann, selbst in den ziemlich undurchdringlichen, emotionalen Gefilden zum Ziel führt, ja hartnäckig weiter. Also noch mal zurück, nehmen wir mal an, da ist doch was dran. Nicht an den Körperidealen, der schicken Frisur, dem Dauerlächeln, das ist natürlich absurd. Aber was ist denn mit dem ominösen Inneren? Es ist schließlich kein Geheimnis, dass es ab etwa 30 komplizierter wird, Menschen zu daten, weil wir selbst erfahrener im Guten wie im Schlechten geworden sind, genauso wie die anderen. Weil man doch sehr viel genauer weiß, was man will und was nicht – und wahrscheinlich auch, weil man mittlerweile zu oft mit der Karre volles Rohr gegen die Wand gekracht ist. Weil man zu viele Gefühlsunfälle hatte, die nicht unbedingt in seelische Schäden, doch aber in neue Entscheidungen münden. Und vielleicht auch, weil man sich aus diesem Grund manchmal Menschen, die ähnliche Unsicherheiten mit sich und der Welt haben, auf eine komplizierte Art näher fühlt als den vermeintlich Aufgeräumten – wenn es die denn überhaupt gibt. »Immer suche ich mir Freaks aus!« Und überhaupt, wieso sollte man sich, so wie man ist, jemandem aufhalsen? Das kann doch keiner ertragen! Und schon öffnet sich eine gedankliche Luke, die nur allzu sehr zum Hyperventilieren einlädt – der Zugang zur Gesellschaft der gottgleichen Superoptimierten. Aber was passiert, wenn man wirklich da durchgeht und daran glaubt, dass mit einem »besseren Ich« das bessere Leben wartet? Dass man dann endlich wirklich die Schokolade vom Nikolaus verdient hat? Und man nicht nur kurz die Luft anhält, weil man eine schwache Minute hatte und dann wieder lachend die drei neu installierten Meditations-, Fitness- und To-do-Listen-Verwaltungsapps löscht, auf die man in Foren für ein besseres, erfolgreicheres Leben gestoßen ist? Was macht es mit einem, wenn man den Gedanken wirklich zu- und in das Innerste vordringen lässt, es liege nur und ausschließlich an einem selbst, an dem unperfekten, halb garen Ich, dass man Single ist? Dass nur die wie auch immer definierten »Guten«, zu denen man bislang offensichtlich nicht gehört, ein Anrecht auf Liebe haben? Dann wird aus dem, was einfach scheint, schnell etwas sehr Kompliziertes.

Aber hey, wieso nicht, man wollte sich doch mal drauf einlassen. Zack, schon beginnt die wilde Selbstsuche. Man beginnt also, Yoga zu machen und versucht, sich im »Nach-unten-schauenden-Hund« endlich selbst zu finden. Man pendelt die innere Mitte aus und hofft, dass das verdammte Pendel irgendwann stehen bleibt, weil puh, ob diese innere Mitte wohl existieren mag? Also besser noch ab ins ernsthafte Zwiegespräch mit Freunden, Fragebögen ausstellen, herausfinden, wer man ist, indem man das Außen befragt. »Was sind denn so meine Stärken?« »Ah, interessant, ich bin also die Pragmatische und total begeisterungsfähig, ach, und ich reise gerne. Sehr gut, mehr!« Oder begibt sich gar in professionelle Behandlung, auch wenn man eigentlich nicht das Bedürfnis danach verspürt. »Mir geht's gut, ich bin nur einfach noch nicht gut genug für eine Beziehung!« All das sollte man also machen, denn es liegt schließlich an einem selbst! Erst wer den nach Lavendelduft und Frieden riechenden Meisterbrief für einen aufgeräumten Menschen in der Tasche hat, hat auch die Berechtigung, sich wieder auf Beziehungskurs zu bringen, ist doch klar. Was für eine Erleichterung, endlich was Handfestes!

Jaja, wenn's Spaß macht, bitte schön. Und wenn es guttut, sowieso. Sich zu einem besseren Menschen einfach hinarbeiten zu können ist ja auch ein feiner Gedanke, gerade für Pragmatikerinnen wie mich. Bis, ja, bis einem vielleicht doch wieder auffällt, dass dabei etwas nicht stimmen kann. Weil man Yoga vielleicht hasst und man nach unten gebeugt nur die stinkende und vom Schweiß anderer Yogis triefende Matte finden konnte. Oder weil die verdammte innere Mitte sowieso von allerlei Fragen an sich selbst verborgen bleibt, was auch ziemlich okay ist. Und weil dieses »besser« auch immer eine Definitionsfrage ist, die jeder relativ unterschiedlich beantworten wird. Die schmissige Binsenparade vom nicht optimierten Single-Menschen wird doch eigentlich viel zu selten zu Ende gedacht. Erstens kann wirklich effiziente Selbstoptimierung nur bedeuten, dass man keine Beziehungen mehr hat, weil es zu viel Energie verschwendet, in andere Menschen Zeit und Kraft zu investieren. Und zweitens: Was ist denn mit all den Paaren, in denen mindestens ein Mensch verkorkst oder gar unausstehlich ist? Und wir alle kennen so ein Paar, mindestens eines. Wieso finden diese Menschen einen anderen, und ich muss mich erst im buddhistischem Glücklichsein üben, muss erst zu einem besseren Menschen werden, damit mir Liebe zusteht? Wieso darf ich nicht mit jemandem zusammen verkorkst sein? Natürlich darf man das. Verkorkst sein und die Liebe finden, das funktioniert gar nicht mal schlecht. Denn in der vermeintlichen »Norm« findet sich doch oft nur die Langeweile. Aber für diesen Blick muss man sich eben von der vertrottelten Optimierung lösen, die, wenn überhaupt, nur zu einem besseren Funktionieren führt – und seit wann ist ein Leben, in dem man einfach nur funktioniert, erstrebenswert? Man muss einfach den Mumm haben, den anderen in die eigene Verkorkstheit, die letztlich nichts anderes ist als normal, reinzulassen.

Wirklich, dieser Bullshit um eine vermeintliche Erleuchtung über das eigene Ich, die es zu erlangen gilt, um empfänglich für andere zu sein – ich kann es nicht mehr hören. Ja, herrje, als Single entwickelt man sich häufig ganz anders weiter als in einer Beziehung. Aber das Ziel ist doch nicht, sich für den Fleischmarkt[23] zurechtzuklöppeln, sondern mit sich selbst (noch) besser auszukommen. Und das ist eine verdammte Lebensaufgabe – ob mit Beziehung oder ohne. Alles andere ist ganz simpel eine falsche Verknüpfung von Beweggrund und Wirkung. Vielleicht entzieht man sich also mal dem ewigen Zustand der Hyperreflexion, dann kann man es auch entspannt sehen, dass die Selbsterleuchtung noch dauern wird, und erkennt, dass sich die Wampe herrlich weich anfühlt und gar nicht, als ob sie nicht da sein sollte – und stellt mit seinem Single-Leben was anderes als eine Rund-

23 Vgl. Laurie Penny: Fleischmarkt. Weibliche Körper im Kapitalismus. Edition Nautilus, Hamburg 2012.

umselbstoptimierung an. Lebt, verrückter Gedanke, einfach so weiter, wie man es auch sonst tun würde, und verwirft die Idee, sich selbst als menschliche Ressource zu betrachten, die immer weiter normiert und so funktional wie möglich gestaltet werden muss.

5.

Beruflich erfolgreich:
War das jetzt alles?

Alles, was ich immer wollte, war alles.
(Tocotronic)

Vor ein paar Jahren saß ich als damals noch freiberufliche
Autorin in einem Berliner Café und arbeitete, wie es das Klischee will, mit einer billigen Tasse Kaffee vor mir, daran, auf
eine gute Textidee zu kommen, die ich einem Magazin an-
bieten konnte. Kohle musste rein! Während ich also in den
Recherchen steckte, drängte sich dankbarerweise das Gespräch am Nebentisch auf. Dort saß ein Pärchen. Sie, so erfuhr ich nach und nach, arbeitete als Junior-Managerin in
einer schicken Agentur und klagte ihm ihr Leid. »So eine
Drückerbude! Alle finden es so super, dass ich da einen Job
bekommen habe und dauernd auf all die tollen Champag-
ner-Events kann, um spannende Leute zu treffen. Aber die
organisieren ja wir, ich bin da nicht Gast – und niemand von
uns könnte sich auch nur eine einzige Flasche davon privat
leisten. Das ist doch lächerlich!« Sie hatte jetzt meine volle
Aufmerksamkeit, denn die Selbstausbeutung für einen ver-

meintlich tollen Job und vor allem die Selbstausbeutung für die Selbstverwirklichung grassierte in meinem Umfeld – und die kannte ich natürlich auch von mir selbst. »Wenn ich wenigstens bei dem Gehalt nicht dauernd unbezahlte Überstunden machen müsste! Aber wer da als Erster gegen 19 Uhr nach Hause geht, wird angeschaut, als habe er gerade lachend eine Stinkbombe in den Raum geworfen.« Vielleicht sollte sie das wirklich mal machen und den Job wechseln? Das wäre zumindest ein furioser Abgang. »Na, dann rede doch mal mit deiner Chefin, das ist doch kein Zustand«, versuchte er zu helfen. »Ach die, die sitzt doch immer am längsten da. Aber die hat ja auch kein Privatleben, die verkauft sich voll für den Job. Die ist schon Anfang 40 und hat weder einen Typen noch eine Familie, wie auch! So will ich nie werden. Die rafft ja noch nicht einmal, dass das alle von ihr denken. Nee, zu der gehe ich nicht hin.« »Ja, echt voll deprimierend«, nickte er.

In mir schlug die Freude am Zuhören in Genervtheit um. Da ist sie wieder, die Single-Frau, die nichts als ihren Beruf hat, der sie abends im Bett aber nicht wärmen wird. Arme, arme Frau, und alle schauen peinlich berührt hin. Ist die Geschichte nicht etwas ausgeleiert? Nein, dafür macht sie uns als Gesellschaft doch viel zu sehr Spaß. Auf diese per se Annahme, man sei eine bemitleidenswerte Karrieristin, die zu spät begreifen wird, worum es im Leben wirklich geht, anstatt darüber nachzudenken, dass eine Frau auch einfach Bock auf genau dieses Leben haben könnte – oder aber das Leben anders spielte, ohne dass das schlimm sein muss –, tritt automatisch ein Abwertungsmechanismus ein. Na klar, nicht immer mag das eine bewusste Entscheidung sein, manchmal führt zu viel Arbeit dazu, zu wenig Zeit für

Privates zu haben. Aber es ist doch eine eigenartige Idee, dass, wer in seinem Beruf aufgeht, aber nicht in einer Beziehung lebt oder in einer, in der es keine Kinder gibt, ab einem bestimmten Alter auf jeden Fall ein defizitäres Leben führt. So emanzipiert sind wir also. Und steht das nicht auch im totalen Widerspruch zu dem Stellenwert, den wir Arbeit gesellschaftlich derzeit beimessen (müssen)? Aber Leistungsgesellschaft bedeutet eben auch, sich auf allen Ebenen auszupowern und erfolgreich zu sein, um zu genügen. Die Arbeit ist fast unser ganzes Leben, und deshalb wird ständig stolz von 14-Stunden-Tagen und einem Kaffeekonsum kurz vor dem Herzinfarkt berichtet, aber wehe, in den drei wachen Stunden, die einem dann noch vom Tage bleiben, wartet dann keine selbst erzeugte Mannschaft oder leidenschaftliche Beziehung zu Hause auf dich, die auch noch zu deinem Leben gehört. Lächerlich, was treibst du denn die ganze Zeit! Und das führt gleich zum nächsten absurden Bild, das einer Single-Frau im Arbeitsleben gerne angedacht wird: das der egoistischen Klapperschlange, die sich selbst zu wichtig nimmt, um eine Familie zu gründen, weil damit auch immer die Bereitschaft einhergeht, in Sachen Karriere oder Freizeit (haha) zurückstecken zu müssen. Ekelhaft! Menschen mit Kindern haben dagegen verstanden, worum es geht: Man muss sich auch mal zurücknehmen, das gehört einfach dazu! Ach, das ist ja auch richtig, zumindest, wenn es um das Aufgeben gewisser Privilegien geht. Schließlich reden wir viel von Vereinbarkeit, und doch ist sie noch immer eine utopische Idee der Zukunft – zumindest für Mütter, die weder drei Jahre zu Hause verbringen noch sich zwischen Job und Arbeiten aufreiben lassen wollen –, denn für sie hört die Arbeit im Job ja nicht auf, sondern geht es nach Feierabend weiter in die unbezahlte Familienarbeit, für die Frauen immer noch weit mehr als Männer verantwortlich sind.[24] Hallo, Tretmühle! Und die Erwartungshaltung ist dann, dass Mütter das eben meistern müssen, so viel darf ja verlangt sein für den Wunsch nach einer Familie. Jammer doch nicht, du hast es doch nicht anders gewollt. Das Privatleben einer Frau ist im Beruf sowieso Angriffsfläche, ob mit Kind oder ohne, ob im Kundengespräch, mit Personalverantwortlichen oder auf dem Büroflur, es ist ganz selbstverständlich ein Thema. Für Single-Frauen klingt das dann meist so: »Frau Müller! So spät noch hier? Ach ja, ohne Kinder zu Hause kann man schon mal eine Spätschicht schieben!« Oder: »Ach, Ihnen vertrauen wir das Projekt gerne an, denn in der Endphase könnte es schon mal länger werden. Haha, da sind Sie ja die Beste für den Job.« Oder: »Mensch, Anna, du musst doch über die Feiertage nicht so lange Urlaub machen, oder? Wir feiern mit der Familie, da bist du doch flexibler!« Ja, na klar, Singles ohne Kinder haben ja kein Privatleben, das hat man ja nur mit Familie, hab ich ganz vergessen. Auf Singles wartet nichts Lebenswertes außerhalb vom Großraumbüro. Wenn die nach Hause gehen, dann weinen sie sich mit einem Rotwein in der Hand still bis in die neuen Morgenstunden, bis es endlich wieder zur Arbeit geht. Ablenkung, sofort! Es ist erstaunlich, wie wenig Leben einer Frau ohne Beziehung und dann vielleicht noch ohne Kinder häufig zugestanden wird – Hobbys, Freunde, Familie, politisches Engagement, Ehrenamt, Haustiere, Reisen, Garten, Wohnung, Atmen, Zeiten fürs Nichtstun –, all das, was ge-

---

24 https://www.gleichstellungsbericht.de/de/topic/2.zweiter-gleichstellungsbericht-der-bundesregierung.html

meinhin unser aller Leben in unterschiedlicher Gewichtung füllt, scheint bei Singles magischerweise nicht vorhanden zu sein oder wiegt wesentlich weniger. Oder wie sagte mal eine Kollegin über eine andere zu mir: »Frauen über 35, die keine eigene Familie haben, denen haftet immer so etwas Trauriges an!« Wurden Männern je solche Sätze um die Ohren geworfen? Wohl eher selten, denn die machen einfach ihren Job, leben ihr Leben in vollen Zügen, haben Biss, wollen was erreichen, entscheiden sich. Aber Frauen haben halt gerade nichts anderes zu tun, lenken sich mit dem Jobchen ab, steigern sich rein, wollen vergessen, wie leer die Wohnung ist, sind handlungsunfähig oder wollen verbissen so wirken, als hätten sie nicht den Makel eines fehlenden Penis, zumindest wenn man von Cis-Frauen spricht.[25]

Oder aber es wird ihnen zur Klärung der Verhältnisse einfach einer angedichtet. Das musste etwa auch die SPD-Politikerin Andrea Nahles erfahren, die in dem Ringen um Koalitionsgespräche 2018 ja oder nein so eine überzeugende Rede lieferte, dass sie hinterher von einem Journalisten als einziger Mann in der SPD gefeiert wurde.[26] Na klar, die hat »Eier« – anders ist ihre Durchschlagskraft wohl nicht zu erklären. Frauen, die machtvoll wirken oder es sind, brauchen in Märchen etwas Übersinnliches, sind Hexen oder Göttinnen. Oder Amazonen, auf die dann im Laufe der Erzählungen aber die Strafe für ihre Kraft und ihre Freiheit wartet. Im realen Leben wird Macht dann einfach in Männlichkeit über-

---

25 Als Cis-Mann/Cis-Frau werden diejenigen bezeichnet, deren Geschlechtsidentität dem Geschlecht entspricht, das ihnen bei der Geburt zugewiesen wurde.
26 http://www.faz.net/aktuell/politik/inland/spd-verliert-nach-sondierung-mit-union-ihr-gesicht-15400525.html

setzt. Ganz schlicht als Frau Schlagkraft in Wort und Handlung sowie Entscheidungsmacht zu haben, wirkt unwirklich. Unglaubhaft. Give me a break. Fast schon beunruhigend, dass Nahles auch noch Mutter ist, damit werden Frauen doch eigentlich so warmherzig und milde. Da muss doch was dahinterstecken! Ach ja, wie fragil doch unsere Rollenverständnisse sind, und dennoch halten wir mit aller Verbissenheit daran fest.

Ein sehr eindrückliches Beispiel dafür, wie fest Frauen in den Schubladengefügen der Geschlechterrollen gefangen sind und welchen Stellenwert das Private gesellschaftlich für Frauen auch heute hat, ist das der Hollywood-Schauspielerin Jennifer Aniston, die ihrem Ärger darüber im Jahr 2016 in einem großartigen Essay[27] freien Lauf gelassen hat. Anlass waren die jahrelangen Spekulationen um ihr (nicht vorhandenes) Liebesleben und einen möglichen Babybauch, aber auch die sich immer wieder an ihr und dem »elenden Zustand« einer kinderlosen Frau abarbeitenden Boulevardblätter. Sie schreibt: »Ich habe zu hart gearbeitet, um auf einen traurigen, kinderlosen Menschen reduziert zu werden.« Damit benennt sie, was nicht nur ihr, sondern Frauen überall immer wieder suggeriert oder auch direkt gesagt wird: Die Karriere einer Frau ist ein Zusatz, kein Alleinstellungsmerkmal und nichts, was das Leben dieser Frau gänzlich erfüllen kann. Man könnte nun die Schultern zucken und sagen, sich an einer möglicherweise tickenden biologischen Uhr abzuarbeiten ist eben Schundjournalismus. Aber es ist viel mehr als das. Denn diese Geschichten über weibliche Vorbilder

---

27 https://www.huffingtonpost.com/entry/for-the-record_us_57855586e4b03fc3e e4e626f?guccounter=1

zementieren gerade für junge Frauen, die diese Boulevard-magazine mehrheitlich lesen, ihren Platz in unserer Welt. Die Botschaft ist: Selbst wenn du beruflich sehr erfolgreich wirst, volles Ansehen bekommst du erst, wenn du zusätzlich in einer Beziehung lebst und bestenfalls auch noch eine Familie gegründet hast. Es ist aber auch ein Voyeurismus, der Grenzen überschreitet. Denn mal abgesehen davon, dass es nicht von öffentlichem Interesse ist, ob und wann Aniston in einer Beziehung lebt und/oder Kinder bekommt, was zugunsten von »Jede Frau will doch Mutter werden« ausgeblendet wird: Was wäre, wenn Aniston keine Kinder bekommen könnte, aber gerne Mutter werden würde? Es wäre vernichtend schmerzhaft, aber irgendwie müssen die 50-Cent-Blätter ja gefüllt werden. Ist doch halb so wild! Zwanzig Jahre Karriere hin oder her, man wird eine Frau doch mal fragen dürfen, wann endlich die Gebärmaschine angeschmissen wird, das ist doch ganz normal! Ja, genau das ist es, immer noch – und das ist das Perverse, das elend Rückwärtsgewandte an der Wahrnehmung an dem Blick auf Frauen (im Berufsleben).

Das bedeutet, Frauen können zwar selbstverständlich eine Karriere anstreben und auch durchziehen, was ja schon einmal ganz schön ist, hurra, aber Mutter werden, das muss eben zum Wünsche-Kosmos auch dazugehören, ist doch klar. Und an irgendeinem Punkt müssen sie dann eben zurückstecken – wo, bleibt ihnen überlassen. Oder sie wollen alles und werden damit zu Rabenmüttern. »Die bekommt den Hals nicht voll, und das alles auf Kosten ihrer Kinder!« Genau an diesem verhedderten »Sowohl-als-auch«, das dann zu einem »Entweder-oder« wird, liegt es doch, dass eine Karriere im herkömmlichen Sinne für eine Frau, ob mit oder ohne Kinder, weder zeitlich noch auf gesellschaftlicher

Ebene selbstverständlich ist. Denn einerseits sind erfolgreiche Frauen etwas durchaus Schickes: Wie viele Unternehmensvorstände schmücken sich damit, ja wenigstens eine Frau gefunden zu haben, die fähig ist, mit der ach so kompetenten Männerriege mitzuhalten – andererseits soll's dabei aber dann auch erst einmal bleiben, sonst verweichlicht die testosteronhaltige Beschlusskraft noch. Das befürchtete zumindest der ehemalige Fernsehjournalist Joachim Wagner in seinem 2017 erschienenen Buch über das deutsche Justizsystem: »Der Richterberuf läuft einmal Gefahr, durch weitere Feminisierung Ansehen in der Gesellschaft und Attraktivität für Männer zu verlieren.«[28] Diese verdammten Frauen drängen sich aber auch in jedes Spielfeld der Männer und machen damit alles kaputt. Zudem warnt Wagner noch vor dem Effektivitäts- und Qualitätsverlust in der Justiz, wegen drohender Schwangerschaft, Eltern- und Teilzeit. Unser Niedergang ist also sicher, lässt man mehr Frauen im öffentlichen Dienst zu. Das Bild, das er damit auch von Männern zeichnet, die in seinen Augen scheinbar maximal in Teilzeit der Familie, aber auf jeden Fall in Vollzeit ihrem Beruf verpflichtet sind, sei auch mal dahingestellt. Man zeigt sich eben also nur solange fortschrittlich, bis man an der Grenze steht, dass sich tatsächlich etwas ändern könnte. Genau deshalb haben sich Frausein und Karriere nicht nur lange ausgeschlossen, sondern tun das häufig eben immer noch – und so spielt das Privatleben einer Frau im Job, ob Single oder nicht, immer noch eine enorme Rolle in ihrem Berufsleben. Unsere Arbeitswelt findet in einer Scheinvorwärtsbewegung statt, die nach alten

---

28 Joachim Wagner: »Ende der Wahrheitssuche. Justiz zwischen Macht und Ohnmacht«. C.H. Beck Verlag, München 2017.

Regeln abläuft und noch lange nicht da ist, wo wir sie dauernd hinreden. Frausein ist im Job noch immer ein Minenfeld, es gibt immer etwas zu rütteln und zu kritteln. Und egal, wie man es macht, wie kunstvoll man den Slalom um die Stolperfallen gestaltet, die Wahrscheinlichkeit ist hoch, dass man doch irgendwann hineintritt. Selbstverwirklichung im Job hat also für Frauen einen Preis. Aber hat es den nicht für alle? Nein, denn wechselt man das Geschlecht, funktioniert die Geschichte plötzlich nicht mehr. Selbstverwirklichung im Job ist für einen Mann Standard. Ganz gleich, ob er nun der Ernährer für einen oder mehrere Menschen ist, wir würden selbstredend von ihm als einem Erfolgsmenschen sprechen. Einem, der ranklotzt, weil er hoch hinauswill; einem, der eben zu diesem Zeitpunkt in seinem Leben diese Priorität gesetzt hat – starker Typ, echt, der zieht es durch! Ist ja auch ein ganz gemütlicher Zustand, er kann schließlich zu quasi jedem Zeitpunkt seines Lebens eine Familie gründen, haben Fritz Wepper und Jean Pütz doch vorgemacht – sucht er sich eben eine jüngere Frau, die stehen ja auf erfolgreiche Männer. So weit zumindest das ewige Klischee. Aber wahr ist, dass natürlich auch Männern häufig suggeriert wird, das wahre, gute Leben gibt es nur mit einer Familie. Allerdings ist hier der äußere Druck sehr viel geringer, weil ihnen niemand blinkende Pfeile Richtung tickender biologischer Uhr malt – die gibt es nämlich nicht. Und deshalb käme wohl auch niemand auf die Idee, bei einem im Job ambitionierten Single-Cis-Mann um die 30 oder 40 mit traurigem Blick auf die Hoden zu schauen, weil seine Spermien noch nicht ihrer Bestimmung gefolgt sind.

Tja, und genau da befinden wir Frauen uns dann im dunklen Tal unserer Realität. Wir müssen uns damit auseinandersetzen, dass wir nicht nur zielstrebig sind, sondern dabei meist auch unangenehm spitze Ellenbogen haben, oder sind die Bemitleidenswerten, die sich da eben austoben müssen, weil sonst nichts geht. Und wir können nicht ewig Kinder bekommen, sollten das aber in jedem Fall tun und müssen dann, egal, an welchem Punkt wir es in unserem Leben tun, mit einem fetten Spagat leben. Darauf, dass manche Frauen keine Lust haben, sich diese Arschkarte zeigen zu lassen, kommen die wenigsten. Und darauf, dass Frauen von vornherein keine Kinder wollen könnten, noch weniger. Und wenn, zeigt sich darin dann natürlich wieder Charakterschwäche, oder abermals etwas Krankhaftes. Aber so verfuhr man ja mit Frauen schon immer gerne. Man denke daran, wie Mediziner, schönen Gruß an Hippokrates und Claudius Galen, die Ursache für Hysterie, die sich vom griechischen Wort für Gebärmutter ableitet, in einer Erkrankung ebendieser sahen – deren Heilung sich allerdings mit Sex erreichen ließe, wie Galen praktischerweise orakelte. Eine reine Frauenkrankheit also, nein, vielmehr eine Frauen inhärente Krankheit: Wir neigen einfach dazu, irrational, überzogen zu reagieren. Das ist natürlich gerade im Job hochproblematisch, wie im Jahr 2018 (!) noch in der Business-Beilage der Frauenzeitschrift *Cosmopolitan* zu lesen war, und deshalb gab es den heißen Tipp: »Vermeiden Sie typisch weibliches Verhalten. Chefs wollen keinen Psychoscheiß hören.« Na klar, wir Frauen und unser alltäglicher Psychoscheiß und Chefs, die offensichtlich immer männlich sind, wie könnten die auch mit dieser, hier fragwürdig definierten, Weiblichkeit zurechtkommen? Wir sollten uns schämen. Und die hysterische Frau von heute, die macht eben nicht nur permanent weiblichen Radau im Joballtag, sie lässt vielleicht auch noch zugunsten ihrer Karriere die Kinder ausfallen, zugunsten der Kinder die Karriere, oder verweigert sich aus Prinzip dem Muttersein, weil das nicht ihr Ding ist, diese Hexe! Da kann ein bisschen soziale Ächtung doch nicht fehl am Platze sein. Ja, genau so einfach machen wir uns das als Gesellschaft in der Regel. Dazu fällt mir ein schönes Zitat ein, das ich leider keinem klugen Menschen zuordnen kann. »Wer denkt, Frauen seien dramatisch, sollte mal ein Geschichtsbuch lesen.« Und ja, es gibt natürlich manchmal einen Preis zu zahlen, denn nicht jede Frau, die sich für eine Karriere entscheidet und keine Kinder hat, ist willentlich keine Mutter geworden. Natürlich gibt es Frauen, die sagen: »Ich habe den Zeitpunkt einfach verpasst.« Das gerade bei Akademikerinnen, die mit Ende 30/ Anfang 40 ihren Doktortitel oder den ersten Job ohne Befristung in der Tasche haben und für die es dann schwieriger wird, schwanger zu werden oder auch eine Beziehung zu finden – es gibt sie ja scheinbar immer noch, die große Angst vor der intelligenten Frau[29]. Aber eben auch, weil es für Frauen im Beruf generell noch immer sehr viel mehr Hürden gibt als für Männer, sie meist nicht so schnell vorankommen, weil sie bei Beförderungen »übersehen« werden oder sich mit ihrem Gehalt noch keine Gründung einer Familie vorstellen können. Und auch, weil die vorhandene Gebärmutter selbst schon vor dem Antreten eines Jobs, nämlich im Gespräch mit Personalverantwortlichen, zum Problem werden kann. Ab 30 ohne Kinder kann es schwierig werden, überhaupt in einen Job zu kommen. Man könnte schließlich im schlimmsten Falle etwas kosten und ausfallen, Gott bewahre.

---

29 Perceived female intelligence as economic bad in partner choice: https://www.sciencedirect.com/science/article/pii/S0191886916308364

Es ist also nicht alles eine bewusste Entscheidung, und doch gibt es eben auch jene, die sich nicht auf eine drohende Teilzeit und damit auch auf eine drohende Altersarmut einlassen wollen, weil man ihnen als Mutter die Führungsposition nicht mehr zutraut oder weil sie es sich schlicht selbst nicht mehr zutrauen, weil die entsprechenden Betreuungsangebote fehlen. Nicht jede will die Zerreißprobe stemmen, die durch den noch immer fehlenden Plan für eine echte Vereinbarkeit von Beruf und Familie auf sie zukommen wird. Aber da sollte dann doch der Fehler im System gesucht werden, dem Ausruhen und Vertrauen darauf, dass im Zweifel immer eine Mutter für ein krankes Kind da sein wird. Dem Vertrauen darauf, dass wenn sie es nicht schafft, Kinder eben irgendwie allein groß werden. Dem Einverständnis damit, dass es auf jeden Fall immer das Beste ist, dass eine Mutter die lange Elternzeit nimmt und Männer mit zwei bis drei Monaten zu Hause ja schon wirklich ihr Möglichstes getan haben. Und der Ansicht, dass es schon in Ordnung sei, dass die Care-Arbeit hauptsächlich Frauensache ist.

Das alles sind Punkte, die in politischer und gesellschaftlicher Verantwortung liegen – abgewälzt werden sie aber oftmals allein auf die Frau als Individuum: deine Entscheidung. Aber entscheide weise und richtig! Andernfalls wartet das Urteil auf dich und deine Trauer, ob du sie empfindest oder nicht, tragen wir dann im Zweifel auch noch vor dir her. Dazu die Haltung, dass ein Leben ohne Kinder und Beziehung immer das weniger lebenswertere ist. Genau das ist noch immer der Status quo, den wir, wenn der Einzelne schon keine Gesetzeslage ändern kann, aber selbst korrigieren können! Wir können es ändern, indem wir uns wenigstens nicht übereinander das Maul zerreißen und Frauen sowohl eine gesunde Ambition, Führungsstärke und einen nicht zwingend bestehenden Wunsch, Kinder zu bekommen, zugestehen. Wir können es ändern, indem wir uns zugestehen, dass ein Leben mit Job und ohne Kind oder Beziehung weder leer noch traurig sein muss. Es ist doch wirklich nicht viel verlangt. Frauen und was sie bewegt, sie erfüllt und glücklich macht, ist so viel facettenreicher, als es ihnen gemeinhin zugestanden wird. Aber genau das scheint noch immer sehr viel Unbehagen auszulösen. Denn wie würde sich unsere Gesellschaft verändern, wenn das nicht mehr nur Theorie wäre? Entscheidend.

Wenn wir einsehen, dass unsere Bedürfnisse individuell sind und zusätzlich auf echte Lösungen hindenken könnten, nicht nur für Singles, sondern auch für all jene, die sich sowohl im Beruf verwirklichen als auch Kinder bekommen wollen, dann hätten wir doch alle etwas davon. Weil es Freiheit in der Entscheidung schafft, wie man das eigene Leben gestalten und wer man sein möchte. Und das kann Vollzeit heißen, weil es funktioniert. Es kann aber auch Teilzeit heißen, weil man sich viel Leben mit und ohne Kinder neben der Erwerbsarbeit wünscht. Wenn es ein Leben mit Kindern oder auch zu pflegenden Angehörigen ist, müssen wir Lösungen entwickeln, indem wir auch Care-Arbeit als zu entlohnende Arbeit werten. Denn wenn sich Frauen von ihrem Rollenbild emanzipieren können, dann können es die Männer doch auch. Und ich habe durchaus viele männliche Freunde, die keine Lust mehr auf die Rolle des Ernährers haben oder gerne viel mehr Zeit für die Familie hätten, mit dem gesellschaftlichen Blick auf diese vermeintlich feminine Seite an sich aber auch nicht klarkommen. So sagte einmal ein Freund zu mir: »Ich hätte gerne nach einer längeren Elternzeit gefragt, aber ich habe Angst vor dem Karriereknick.« Da kann man natürlich sagen: Willkommen in unserer Welt! Frauen plagen sich mit dieser verdammten Angst schon herum, seit berufstätig zu sein für sie normal geworden ist – und doch finde ich es einen Satz, der durchaus ernst zu nehmen ist. Denn es sind doch nicht nur die Frauen, die keine Lust mehr auf die eindimensionale Sicht auf ihr Geschlecht haben, die sich nicht mehr zwischen Familie und Job zerreißen wollen und dadurch in ihrem Leben beschränkt werden. Emanzipation von alten Rollenbildern ist eben kein Prozess, der nur für Frauen wichtig ist, um selbstbestimmt leben zu können, sondern der überhaupt nur funktioniert, wenn wir alle Interesse daran haben, viele Facetten von uns selbst leben zu dürfen.

Doch neben dem gemeinsamen Drang danach, die Schubladen endlich ad acta zu legen, gibt es natürlich auch das Pendant dazu: Gibt es noch immer sehr viele Männer, die es beklemmt, ja, die es gar als feindselig empfinden, wenn Frauen erfolgreicher sind als sie. Gesellschaftliche Veränderung ist auch deshalb schmerzhaft, weil mit einem Angleichen auch ein Wegfallen von Privilegien und festen Schemata beginnt, die nicht jeder bereit ist, ziehen zu lassen. Aber Männlichkeit, die sich durch Rollen wie die des Ernährers definiert, ist ebenso fragil wie Weiblichkeit, die beispielsweise durch die Mutterrolle bestimmt wird. Was ist man, wenn das wegfällt? Weniger männlich, weniger weiblich, weniger wert? Genau das ist es doch, was wir loswerden müssen, wenn wir einfach als die leben wollen, die wir sind.

Doch bis dahin begeht eine erfolgreiche Frau nicht selten Domänenklau. Das zumindest hielt ein mittlerweile Verflossener einer Freundin von mir vor, als sie es wagte, im gleichen Beruf mehr Aufmerksamkeit zu bekommen. Es kränkte ihn, und dann kränkte es ihn, dass es ihn kränkte. Und natürlich kränkte es ihn dann auch noch, dass ihr das wiederum nicht leidtat. Wie konnte sie nur! Einfach stolz auf sich sein. Dass das ihn dagegen nicht abwertet, kam ihm nicht in den Sinn. Stolz auf den Karriere-Mann an seiner Seite zu sein ist eben noch immer sehr viel normaler als der Stolz auf die Karriere-Frau. Es schien, als könne er mit dieser Frau an seiner Seite nur verlieren. Armer Mann, und das meine ich tatsächlich vollkommen unironisch. Aber eben auch: arme Frau – denn die Beziehung lief sonst eigentlich top. Sich selbst im Weg stehen, nennt man das gemeinhin. Und oben drauf kommt die schmerzliche Erfahrung, dass diese Sache, die sie liebte und in der sie aufging, in der sie einfach gut war, auf einmal zum Problem wurde. War es das wert, wenn die Liebe dafür geht? Sie entschied sich für ein klares Ja – glücklicherweise, wie ich finde. Denn auf Augenhöhe sein heißt eben auch, dem anderen etwas gönnen zu können.

Es läuft also häufig immer noch auf ein »Entweder-oder« und eine Entscheidung hinaus. Entscheiden zwischen einem Dasein als »Nasty Woman«, die einfach ihren Weg geht und den Mund aufmacht, oder dafür, sich für alles und bei jeder Gelegenheit dafür zu entschuldigen, dass man Ambitionen und Ziele hat, die über eine Beziehung oder die Mutterschaft hinausführen beziehungsweise die neben der Beziehung und der Mutterschaft bestehen bleiben. Im Entschuldigen sind wir Frauen ja sowieso Meisterinnen, das machen wir häufig selbst dann noch, wenn uns der Himmel auf den Kopf gekracht ist – sorry, ich stand dumm im Weg rum, merke ich selber! Aber die Sache ist ja die: Wenn klare Worte, Stolz auf das Erreichte und der Wunsch, die eigene Welt nach den eigenen Maßstäben zu gestalten und ja, auch auf beruflicher Seite zu testen, was denn so möglich ist, einen schon zur Nasty Woman macht, dann ist diese Zuschreibung ganz sicher keine schlechte Sache. So oder so darf es aber doch nicht anders kommen, als dass unsere eigenen Erwartungen, unsere beruflichen und privaten Ideale nicht mehr ein Manko, sondern erstrebenswert sind. Dazu gehört dann aber auch, dass es keine Rolle mehr spielt, ob wir Familie haben oder nicht. Und das sollten doch mindestens wir Frauen uns gegenseitig ermöglichen, ohne dem Wertungsreflex nachzugehen. Aber so einfach ist das offensichtlich nicht.

6.

»Du bist ja nur neidisch!«: Immer im Verdacht

i stand
on the sacrifices
of a million women before me
thinking
what can i do
to make this mountain taller
so the women after me
can see farther

legacy (rupi kaur / the sun and her flowers)

»Aber ICH will das haben!« Der kleine Mensch vor mir bekommt einen roten Kopf, aus der Nase läuft Rotz, und schon klappt sich der vor Wut und Verzweiflung zitternde Mund wieder auf. »ICH will DAS haben!« Ich schaue auf meinen Teller mit Tiramisu. »Ich hol dir auch ein Stück, wenn du magst.« »Nein, ich will DAS da haben!« Die 5-Jährige schaut empört auf meinen Teller. Langsam bewege ich meinen Arm in ihre Richtung, sie reißt den Teller fix an sich und stopft sich zufrieden die weiche Masse in und neben den Mund. Die Welt ist wieder in Ordnung, und ich muss erleichtert seufzen. »So ist Ida eben gerade.« Ich schaue auf, und ihre Mutter lächelt mich entschuldigend an. »Schon gut«, sage ich und dann lachend: »Das nächste Mal feiern wir besser ohne Kinder, dann haben wir das Tiramisu für uns!« Ihr Gesicht verändert sich plötzlich. »Ach ja, das ist ja ganz toll! Nur weil du keine Kinder hast, sollen wir unsere Familien an Geburtstagen jetzt zu Hause lassen, oder was?« »Ich habe eigentlich nur einen Witz gemacht...« »Wirklich sehr lustig«, sagt sie und dreht sich weg. Ein paar der anderen Eltern schauen argwöhnisch in meine Richtung. Das ist gründlich schiefgelaufen. Ich verschwinde, dankbar, der Situation zu entkommen, auf den Balkon, um eine Zigarette zu rauchen. »Na, amüsierst du dich?« Meine Freundin kommt strahlend auf mich zu. »Ja schon, nur habe ich mich gerade aus Versehen mit der Elternfraktion angelegt«, sage ich, deute mit dem Kopf in die Richtung von Idas Mutter und erzähle ihr von der Situation. »Ach komm, das meint die nicht so, ihr Freund ist wieder auf Geschäftsreise, da hat sie alles allein an der Backe.« Ich nicke. »Ja, verstehe ich, ziemlich scheiße. Ich hätte da ja keinen Bock drauf.« Sie schaut mich an und runzelt die Stirn. »Ja, aber man kann sich das auch nicht immer aussuchen.« »Na ja, ein bisschen schon, muss man sich eben vorher besprechen, wie man so ein Familienleben führen will.« Sie winkt ab. »Du mit deinen Idealen, wirst schon sehen. Wenn du erst einmal in einer Beziehung bist, wirst du merken, dass es ohne diese Kompromisse nicht geht.« »Mag ja grundsätzlich sein, das erklärt aber nicht, wieso bei Kompromissen, die die Kinder betreffen, meist automatisch die Frau die Hauptlast trägt.« »Ach man, immer musst du gleich so ein Fass aufmachen, lass uns lieber über etwas anderes reden.« Besser war das wohl. Auf Veranstaltungen, bei denen viele unterschiedliche Menschen zusammenkommen, redet man besser nicht über Politik, Religion und ab einem bestimmten Alter auch nicht mehr über Beziehungskonzepte – andernfalls droht Frustration und verbales Handgemenge. Warum ist das eigentlich so? Vielleicht lag es vor allem an der Konstellation: Ich hatte gerade weder Beziehung noch Kinder, war es also vermessen, überhaupt darüber zu sprechen? Vielleicht. Ich musste an ein Gespräch denken, das ich kurz zuvor mit einer Freundin hatte und das ähnlich schnell in gegenseitiges Unbehagen abgerutscht war. Sie erzählte mir davon, dass sie und ihr Freund langsam an Kinder denken und sie sich Gedanken darüber machen, wie lange sie dann aus dem Beruf rausmöchte: zwei bis drei Jahre, um für das Kind da zu sein. Mir stockte kurz der Atem. »Das schockiert dich jetzt, oder?«, sagte sie. »Aber du weißt auch, dass er mehr verdient als ich – und ich will das Kind nicht in so jungen Jahren in andere Hände geben. Es ist ja nicht für ewig.« Ja, es schockierte mich tatsächlich etwas, zum einen, weil vor mir eine Frau saß, die sich eigentlich immer eher die eigene Hand abgenagt hätte, als im Job oder im Privatleben keine Gleichberechtigung einzufordern, und zum anderen, weil sie sich genau deswegen auch dessen bewusst sein müsste, dass sie das in eine höchstwahrscheinlich beschissene Lage bringt: Nicht mehr unabhängig zu sein. Ich biss mir auf die Zunge. »Jetzt sag schon!« »Du weißt, dass ich das schwierig finde. Nicht, weil du für das Kind da sein willst, das kann ich gut verstehen, sondern weil es für dich danach auch schwierig werden könnte, wenn du wieder einsteigen willst – und du machst deinen Job doch so gerne!« Sie wurde wütend. »Ich habe keinen Bock, mich dafür verurteilen zu lassen.« »Das hatte ich auch nicht vor, ich mache mir nur meine Gedanken.« Sie seufzte. »Du weißt ja nicht, wie das ist, bei dir steht das schließlich nicht an. Aber ich gründe eine Familie, und das bedeutet eben auch einen Kompromiss, damit es funktioniert. Davon hast du einfach keine Ahnung. Wieso musst du mir das miesmachen?« »Ich will dir das nicht miesmachen, aber ich glaube einfach, du siehst das alles gerade zu romantisch!« Wumm, die Mauer zwischen uns zog sich rasend schnell hoch. Da waren wir nun, standen uns auf einmal gegenüber statt nebeneinander. Ohne Not, kilometerweit voneinander entfernt.

Als Single rüttelt man immer wieder an den Wertevorstellungen. Ist man glücklich, zerrt man an unserer Vorstellung von romantischer Liebe, die nun in Gefahr gesehen wird. »Du willst nur runterspielen, was du nicht hast!« Äußert man sich dann noch kritisch dem Thema Gleichberechtigung in Beziehungen (mit Kindern) gegenüber, dann wirkt es oft so, als kritisiere man die Familiengründung und Familien an sich.

»Die will mir das doch nur vermiesen!«

»Immer diese Antihaltung! Du bist doch nur frustriert!«

»Warte ab, bei dir kommt das schon auch noch so!«

Genau das vermutete zumindest auch mal ein besorgter männlicher Verwandter, nachdem er einen Artikel von mir zum Thema Familie und Gleichberechtigung gelesen hatte, der sich gänzlich von seinem Familienmodell unterschied. »Also WIR waren immer glücklich, und eine Familie zu gründen ist so erfüllend, wieso schreibst du dagegen an – nur weil du noch keine hast?« Dass ich weder von ihnen persönlich noch von einer schlechten Idee per se geschrieben hatte ist dabei vollkommen an ihm vorbeigerauscht. Wir waren auf einmal auf persönlicher Ebene gelandet. Die Schwierigkeit in diesen Gesprächen ist doch vor allem, dass dabei Werte und Normen gerne verwechselt werden – Werte beschreiben ein individuell gelagertes Gefühl eine Sache betreffend, Normen beschreiben einen Kompromiss, den wir als Gesellschaft bezüglich unseres Lebens getroffen haben, und geben ein konkretes Handeln vor.[30] Geht es um die Familie als Wert, dann spielt es dafür erst einmal keine Rolle, wie diese Familie gelebt wird – ob im konservativen oder in einem liberalen Sinne. Ähnliches gilt für Beziehungen oder die Liebe. Häufig sprechen wir aber gar nicht über Werte, wenn es um das Thema Gleichberechtigung oder auch die Marginalisierung von Singles geht, sondern über Normen und wie sie aussehen oder verändert werden könnten, ohne dass das, was uns persönlich wertvoll ist, angegriffen wird. Würden wir uns öfter auf diese Gesprächsebene einigen, käme sehr viel mehr Sachlichkeit ins Spiel. Und dann könnten wir uns vielleicht auch darauf einigen, dass die Entscheidungen, die wir im Leben bezüglich unseres Privaten treffen, nicht immer in einem Zustand getroffen werden, in dem wir komplett frei sind. Und das ist doch das eigentliche Problem, über das es zu reden gilt. Aber (sachliche) Kommunikation ist eben ein hartes Brot. Wenn ich mich als Single also gegenüber dem konservativen Verständnis einer Familie kritisch äußerte, ging es mir nicht darum, anderen ihr schönes Familienleben plattreden zu wollen. Das käme mir gar nicht in den Sinn. Schließlich habe ich selbst eine Familie,

---

30 Vgl. Deutsche Werte – was ist das und gibt's die überhaupt?, Katrin Figge
(Interview mit Philosophie-Professor Andreas Niederberger), Der Westen, 2016
https://www.derwesten.de/politik/deutsche-werte-was-ist-das-und-gibts-die-ueberhaupt-id11459709.html

die ich ziemlich gerne mag, nur eben keine eigene Kernfamilie – aber das macht mich weder zur Grundzynikerin noch zum unglücklichen Menschen noch zu einer Familienkritikerin. Warum also habe ich etwas gegen die Norm, auf die wir uns als Gesellschaft die Familie betreffend mehrheitlich geeinigt haben – ist am Ende doch Neid dabei? Nein, ganz im Gegenteil. Ich mache das, weil ich es schwierig finde, dass diese Norm als die einzig gute, wahre Lebensform ausgerufen wird, und weil das nicht nur zu einer negativen Wahrnehmung von Singles führt, sondern auch Frauen, die sich wünschen, eine Familie zu gründen und in einer langjährigen Beziehung zu leben, immer noch sehr häufig unfrei macht. Und nicht zuletzt schließt sie auch viele Menschen, die nicht in den heteronormativen Kosmos passen, ganz schlicht davon aus, ihre Werte zu leben.

Ich habe es schon einmal angesprochen: Eine eigene Familie zu haben ist ganz sicher etwas Wunderschönes, keine Frage. Aber wie man Familie dann lebt, ist etwas vollkommen anderes. Und so wie es gemacht wird oder gemacht werden »muss«, weil man keine andere Möglichkeit sieht, ist eben auch nicht zwingend etwas, worunter selbst viele Menschen, die es leben, ein wirklich gutes Lebensmodell verstehen – darüber sollte man miteinander genauso reden können wie darüber, dass das Single-Sein schön *und* beschissen zugleich sein kann. Das muss beides nicht glorifiziert werden. Das eine wird aber glorifiziert – und damit können Gespräche darüber, wie es sich verändern könnte, einfach lahmgelegt werden. Und ja, natürlich kann es wahnsinnig erfüllend sein, sich um Kinder und Haushalt zu kümmern. Auch ist klar, dass eine Frau, die sich ausschließlich um ihre Kinder kümmern möchte, Feministin sein und/oder ein genauso tolles, reiches Leben führen kann wie eine Frau, die Job und Kinder wuppt, oder eine Frau, die keine Kinder hat. Ich und meine Geschwister haben selbst lange erleben dürfen, wie es ist, eine Vollzeitmama um uns zu haben, weil unsere Mutter zwölf Jahre mit ihrer Erwerbsarbeit pausiert hat, um in jungen Jahren für uns da zu sein. Natürlich war das schön für uns – und für sie, so sagt sie, war das auch eine wertvolle Zeit, die sie nicht missen möchte. Warum sollte man sich diese Zeit auch nicht nehmen, für sich und die Kinder, warum überhaupt sein Glück nicht viel mehr und eindeutiger im Privaten suchen? Schließlich lässt die Arbeitswelt die meisten Eltern – insbesondere Mütter – und Menschen, die es noch werden wollen, ja ziemlich hängen, denn da heißt es: Freu dich gefälligst über deinen befristeten Job, der zwar Lebensplanungen unmöglich macht, aber dir wenigstens so lange eine Absicherung im Alltag bietet, bis die Waschmaschine kaputtgeht und das Geld hinten und vorne nicht reicht. Beförderung? Nicht bevor die Familienplanung abgeschlossen ist – und danach müssen wir natürlich auch erst schauen, ob das dann überhaupt noch geht. Flexibilität ist dabei vor allem ein Begriff, für den sich Arbeitnehmer verantwortlich fühlen müssen – die paar Überstunden werden ja wohl noch reinpassen! »Und kannst du bitte deinen Urlaub absagen? Wir haben da ein wichtiges Projekt reinbekommen!« Ach, und versorge natürlich zwischendurch noch deine Kinder, aber so, dass sie nicht merken, dass sie nur zwischendurch versorgt werden, sonst bist du natürlich auch wieder keine gute Mutter. Und sei pünktlich zum Meeting wieder da, denn sonst bist du keine gute Kollegin. Sei überhaupt erst einmal dankbar, dass sich noch jemand die Mühe macht, dich Risikoperson (Kinder werden doch viel zu oft krank!) einzustellen. Das sollte ja wohl wirklich genug sein.

Und genau diese Scheinheiligkeit, mit der sich Menschen und insbesondere Frauen mit Kindern irgendwann in ihrem Leben befassen müssen, ist doch das Dilemma: Familie bedeutet in westlichen Gefilden meist Kleinfamilie, und das ist ungefähr das Anstrengendste, was ich mir vorstellen kann. Denn das heißt unfassbar viel Arbeit sowie Verantwortung auf hauptsächlich maximal zwei erwachsenen Schultern, Vereinbarkeit, die kaum zu stemmen ist, mit Arbeitsmodellen, die vor allem auf Präsenzkultur setzen, und obendrein wartet nicht selten noch viel Einsamkeit. Vor allem dann, wenn jemand alleinerziehend ist. Wo ist das ganze Dorf geblieben, das es für das Großziehen eines Kindes braucht? Aber auch ganz generell geraten Frauen, denen Gleichberechtigung wichtig ist, schnell in die Bredouille, wenn sie eine Familie gründen, weil das auch jetzt noch in den allermeisten Fällen bedeutet, eine klassische Rollenverteilung zu leben. Dass das noch so ist, dafür reicht eine kurze Recherche im eigenen Freundeskreis, oder man schaut etwa in den zweiten Gleichstellungsbericht der Bundesregierung[31], in dem ganz deutlich wird: Unser Gesellschaftssystem ist in den Bereichen Arbeit, Pflege und Familie ganz einfach noch immer auf der Benachteiligung der Frauen aufgebaut. Und damit, das zeigt der Bericht ebenfalls, sind viele nicht glücklich, ganz besonders, was das Thema Teilzeitarbeit angeht – Frauen, so kamen die Sachverständigen aus dem Jahr 2017 zu dem Schluss, wünschen sich mehr Arbeitsstunden, als sie bislang ableisten. Also natürlich nur, wenn man mal von der

---

31 https://www.gleichstellungsbericht.de/, erschienen 2017.

schon angesprochenen vollkommen unbezahlten Fürsorge-
arbeit für Kinder oder ältere Familienmitglieder absieht, das
schultern Frauen nämlich mehrheitlich unbezahlt und ohne
nennenswerte Rentenpunkte dafür zu bekommen, zusätzlich
zu ihrer Erwerbsarbeit, mit der sie ja auch noch schlechter
verdienen: der Gender-Pay-Gap, der sich durch die allgemein
immer noch verbreitete schlechtere Bezahlung von Frauen
ergibt, aber vor allem durch die schlechter bezahlten »Frauenberufe«. Selbst bei einer fast ununterbrochenen Erwerbs-
biografie, die es heute aus verschiedenen Gründen eigentlich
nicht mehr gibt, ist die Lage also häufig finanziell schwierig.
Dazu kommt noch das Ehegattensplitting, aber das ist ein
Thema, das eigene Bücher füllt. In der Summe entsteht für
Frauen damit in vom Staat anerkannten Beziehungen (Ehe)
vor allem eines: Abhängigkeit.

Denn das Problem, das über dem gesamten Konzept
schwebt – wenn man die inneren Konflikte, die sich aus dieser Situation eben so ergeben können, mal außen vor lässt:
Was ist, wenn der einst gemachte Plan nicht aufgeht, wenn
man zu den 40 Prozent der Menschen in Deutschland gehört, deren Ehe geschieden wird? Was ist, wenn das Teil-
zeitgehalt nicht mehr für das Leben und die Versorgung der
Kinder reicht oder man keinen Arbeitsplatz mehr findet, weil
man zu lange pausiert hat? Weil es eben ausschließlich im
Sinne eines Ideals honoriert wird, wenn eine Frau oder auch
ein Mann lange Vollzeit für ihre Kinder da waren – da lacht
einem die Leistungsgesellschaft ins Gesicht, wo vorher die
Ideale gepredigt und gefeiert wurden. Was passiert, wenn
aus den Vorteilen des Ehegattensplittings die Steuerdreistig-
keit wird, mit der Alleinerziehende dann leben müssen – ein
paar Euro mehr im Gegensatz zu kinderlosen Singles, durch

Steuerklasse 2. Wen soll das satt machen, welche Miete soll das bezahlen? Und da endet die schöne Geschichte, die ich von der Rundumbetreuung meiner Mutter erzählen kann, denn ich und meine Geschwister haben eben auch miterlebt, was es für eine Frau bedeutet, alleinerziehend mit drei Kindern zu sein und Vollzeit zu arbeiten. Da tun sich ganz neue Erschöpfungszustände, ganz neue Grenzen, ganz neue Sorgen auf. Ist das eben der Preis? Er kann und darf es einfach nicht sein. Aber noch ist es zu weiten Teilen doch genau so, noch sind alleinerziehende Frauen die größte Risikogruppe für Altersarmut. Und deshalb macht es mir dann Sorgenfalten, wenn meine eine Freundin sagt, dass sie erst einmal länger aus dem Job rauswill, oder finde ich es schwierig, wenn ein Partner sehr viel mehr berufliche Freiheiten hat als der andere. Und deshalb weiß ich nicht, warum eine Familie zu gründen oder eine Ehe zu führen für Frauen der bestmöglichste Lebensentwurf sein sollte. Und warum Singles eher mit einem bemitleidenswerten Blick bedacht werden, egal, wie es ihnen als Single geht, als Menschen, die sich in diesem Gefüge aufreiben (müssen). Aber ganz sicher nicht, weil ich ihre Werte oder ihre Entscheidung, länger für ihr Kind da zu sein, an sich verurteilen würde. Die Sorgen wären ja genauso da, wenn meine Freundin zwei bis drei Jahre um die Welt reisen würde, ohne finanziell vorgesorgt zu haben, aber dann wäre sie zumindest nur für sich selbst verantwortlich. Das eine Lebensmodell wird eben genauso zu Unrecht hochgejazzt, wie das andere runtergezogen wird. Es gibt hier einfach kein besser und kein schlechter.

Gab es jetzt also eine Gewinnerin in dieser Gesprächssituation, und habe ich mit meinen Bedenken mehr recht als meine Freundin damit, dass ich keine Ahnung von ihrer Situ-

ation habe oder neidisch bin und sie deshalb angreife? So
einfach zu beantworten ist es leider oder glücklicherweise
ja auch nicht, weil eben wirklich nur wenig Spielraum für
andere Formen des Zusammenlebens mit Kindern bleibt.
Zumindest solange sich unsere Gesellschaft nicht derart wei-
terbewegt, dass wir nicht nur ein Rückkehrrecht von Teilzeit auf Vollzeit versprechen, das sich vornehmlich auf Mütter konzentriert, sondern wir mehr darüber diskutieren, wie
mehr Männer ermutigt werden können, sich auch ihre aktive
Zeit als Vater durch ein Reduzieren der Arbeitszeit nicht
nehmen zu lassen. Wie also waren wir in diesem Gegeneinander gelandet und, viel wichtiger, wie kommen wir da in
Zukunft nicht mehr rein? Ganz ähnlich lief es ja bei der Situation auf dem Geburtstag. Ich fragte mich: Warum greift mich
die Mutter gleich so an? Und sie dachte sich vielleicht: Jetzt
kommt mir schon wieder jemand blöd, weil ein Kind eben
nicht immer »funktioniert«! Und schon ist die Front da. Weil
wir das Gefühl haben, aneinander zu rütteln. Dabei rüttelt
doch eigentlich das Außen an uns und an dem, wie wir unser
Leben gestalten wollen, weil wir uns am amtlich festgehal-
tenen Beziehungsfetisch immer noch genauso berauschen
wie daran, jene Strukturen aufrechtzuerhalten, die am Ende
jede Frau einzwängen. Selbst jene, denen das eine scheinbar privilegierte Situation bietet, und die kotzen, wenn jemand daran rührt und es wagt, den Finger in die Wunde zu
legen, indem unbequeme Fragen gestellt werden. Schließlich
ist doch klar, dass weder die eine Freundin freiwillig auf Altersarmut hinarbeiten will, sondern einfach für ihr Kind da
sein möchte, noch die andere es fantastisch findet, ständig
mit Kind und Kegel allein zu sein und sich dann auch noch
schiefgelaufene Witze, in dem Fall meinerseits, anhören zu

müssen. Und doch wirkt ein Single, der die Gleichberechtigung in Beziehungen hinterfragt, stets, als würde sie oder er die Ehe verhöhnen, und eine Frau mit Kind, die für dieses Kind länger aus dem Beruf will, als würde sie feministische Errungenschaften niederreißen wollen. Statt zusammen in einer Linie zu stehen, wirkt die eine oftmals wie ein Störfaktor im Getriebe der anderen, so dass manchmal nicht nur in Grundsatzdebatten, sondern selbst im schnöden Alltag der Kontakt schwierig werden kann. Etwa im Urlaub, wenn die Planungen von Menschen mit und ohne Kindern so gänzlich auseinandergehen, beim Teilen der Restaurantrechnung, wenn sich Paare plötzlich als Einheit sehen und statt durch drei durch zwei geteilt werden soll. Oder wenn die eine wegen des langen Arbeitstages nur noch abends ausgehen kann und am Wochenende lieber ausschläft und die andere sich einen Kaffee am Mittag wünscht oder ein Treffen zum Frühstück, weil das sonst nicht in ihren vollen Familientag passt. Und jede hat dabei ihre eigene Geschichte: die genervte Single-Frau von der Mutter oder Freundin in einer Paarbeziehung, die scheinbar kein eigenes Leben mehr hat, genauso wie die Mutter, die sich mehr Zugeständnis und mehr Mitgefühl von der Single-Freundin wünscht, weil die sich nicht daran gewöhnt, dass Alltag und Urlaub jetzt eben anders aussehen und es in Gesprächen nun eben auch um Windeln und Schule und nicht mehr so um Liebeschaos oder zähe Meetings geht. Geht das alles also nicht mehr, müssen wir die Treffen und Gespräche eben einstellen, wenn sich das Leben unterschiedlich gestaltet, Schwerpunkte anders gelagert werden? Müssen wir uns an einem bestimmten Punkt in unserem Leben trennen, um uns irgendwann vielleicht wiederzusehen?

Natürlich nicht. Ich will diese Gespräche, diese Urlaube, die Treffen. Nicht nur, weil wir es gegenseitig auch einfach mal aushalten müssen, wenn wir an unterschiedlichen Punkten im Leben oder auf anderen Wegen unterwegs sind, sondern es immer noch ein Kampf ist, eine Familie zu gründen, diese zu ernähren und trotzdem weiterzuarbeiten, oder auch nicht, und sich selbst dabei nicht aus den Augen zu verlieren. Auch ist es häufig noch immer eine Herausforderung, eine gleichberechtigte oder auch nur eine gesunde, gut laufende Beziehung zu etablieren, ebenso wie es ein Kampf sein kann, als Single als gleichwertig und glücklich wahrgenommen zu werden. Darüber müssen wir reden! Aber stattdessen gehen wir häufig in eine Angriffshaltung, kommen diese angespannten Gefühle hoch, statt dass wir uns einfach über Erfahrungswerte oder die Notwendigkeit von gleichberechtigtem Dasein verschiedenster Lebensentwürfe und -phasen austauschen, weil das alle freier machen würde. Viel leichter ist es natürlich, misstrauisch auf jemanden zu schauen, der es anders macht als man selbst. Zu interpretieren, statt dem anderen wirklich zuzuhören. Aber es verschwendet auch unnötigerweise jede Menge Energie, die wir für ganz andere Dinge in unserem Leben bräuchten. Ganz besonders deprimierend ist dabei aber für mich der Argwohn, den wir Frauen auch häufig hier gegenüber Geschlechtsgenossinnen haben, wenn sie einerseits ihrer traditionellen Rolle folgen: »Du hast doch die Wahl, wieso ›tust‹ du dir den Part als Muttertier an?« Oder auch, wenn sie es nicht tun: »Wieso versagst du dir die Mutterschaft?« Weil für Frauen die Wahl eines Lebensmodells eben immer noch schwerer zu wiegen scheint als für Männer. Einerseits aus den angesprochenen geschlechterpolitischen Gründen, andererseits weil der Verrat an erkämpften Rechten, der Idee der fürsorglichen Beziehungspartnerin oder der uns inhärenten Rolle als Mutter gewittert wird. Machen wir das, weil wir eben doch die keifenden Weiber sind, die sich am liebsten den ganzen Tag gegenseitig die Augen auskratzen? Sind diese »Catfights« nicht einfach doch das natürliche Hobby einer jeden Frau? Wollen wir eben grundsätzlich keine Banden, sondern Fronten bilden? Sind wir das unsolidarischere Geschlecht? Ganz sicher nicht – auch wenn diese Argumentation natürlich herrlich dazu beiträgt, weiterhin keine Bündnisse zu bilden. »Das liegt nicht in unserer Natur! Das ist so ein Männerding.« Na klar, anders kann es nicht sein. Oh Moment, wird nicht eigentlich Frauen nachgesagt, dass wir besser Beziehungen bilden und erhalten können, weil wir schon über Jahrhunderte die Verantwortlichen für die emotionale Arbeit zwischen Menschen sind? Es widerstrebt doch dem gesunden Menschenverstand, dass wir das untereinander auf einmal nicht mehr können, wenn durch diesen Zusammenschluss etwas Handfestes für uns rausspringen würde! Für mich klingt das eher nach einem Mythos von jenen, die nicht daran interessiert sind, dass wir Frauen starke Netzwerke bilden. Oder es ist eben doch etwas Wahres daran. Wenn ja, sollte man vielleicht mehr dem nachgehen, wofür einmal die Autorin Elena Ferrante in ihrer Kolumne im *Guardian*[32] warb: Nämlich andere Frauen nicht mehr zu kritisieren, weil wir nicht nur erstickt werden, sondern uns auch gegenseitig ersticken. Denn ja, der Argwohn, den wir einander manchmal entgegenbringen, kommt doch sehr viel wahr-

---

32 https://www.freitag.de/autoren/the-guardian/wir-werden-erstickt-und-ersticken-uns-selbst

scheinlicher daher, dass wir vor deutlich mehr Herausforderungen stehen, wenn es nur darum geht, den fairen Anteil oder einen fairen Lohn zu bekommen. Ja, selbst ganz simpel eine faire Aufteilung von Aufgaben zu erreichen. Oder wie man am jährlichen Frauentag immer wieder von Frauen liest: »Wir wollen keine Rosen, sondern die Hälfte von allem!« Leider springen aus den Bemühungen derzeit aber doch mehr schöne Schnittblumen als ausgeglichene Machtverhältnisse heraus – das reicht durchaus an Mist aus, das muss nicht noch von uns gegenseitig verstärkt werden. Und Argwohn entsteht dadurch, weil es für uns immer noch sehr viel selbstverständlicher scheint, dauernd irgendetwas »zu müssen« oder »zu sollen«, andernfalls wartet die Wertung von außen. Und wenn man nur selbst aus schierer Gewohnheit darauf wartet und dafür schon in Habachtstellung geht. Das besonders dann, wenn man zugunsten seiner Wünsche, seiner Werte vielleicht auch ein Lebensmodell aufstellt, in dem man sich nicht vollkommen aufgehoben fühlt. Ich zumindest kenne einige Frauen, denen es unangenehm ist, dass sie das klassische Familienmodell leben, weil sie eigentlich eine andere Haltung haben, aber keine andere Möglichkeit sehen, weil sie sich eben Familie wünschen. Es ist so frustrierend. Denn für die andere Möglichkeit braucht es ja mehr als Ideale. Derzeit braucht es für mehr Gleichberechtigung vor allem mehr Geld. Geld für eine umfassende Kinderbetreuung, das eben nicht jeder hat. Geld, so dass beide Eltern in Teilzeit arbeiten können, um 50/50 für die Familie da zu sein. Genau das gehört auch zur Wahrheit, wenn wir darüber sprechen, warum es im Familienalltag noch an Gleichberechtigung hapert – sehr häufig fehlen einfach die finanziellen Mittel dazu. Gleichberechtigung muss man sich in Deutschland leisten können. Schon allein für die Idee, in der Debatte bereits weitergekommen zu sein oder sie überhaupt zu führen, muss man sich doch schon in einem finanziell privilegierten Zustand befinden. Was sagen denn Frauen, die etwa an der Supermarktkasse arbeiten, zu Diskussionen um Quoten in Vorständen, zu Teilzeitmodellen für beide Eltern? Was die Frauen, die als Haushaltshilfe für die Familien arbeiten, die das wegen dem Versuch, für beide Familie und Job unter einen Hut zu bekommen, nicht mehr schaffen? Nichts, denn es betrifft ihre Realität einfach nicht. Gesellschaftliche Veränderung wird noch viel zu oft von der Mittelschicht aufwärts gedacht – aber das reicht einfach nicht.

Um hier etwas zu ändern, aber auch, um den Zustand etwas erträglicher zu machen, dass ein selbstbestimmtes Leben immer noch nicht selbstverständlich ist, ganz gleich, in welcher Lebenslage wir uns befinden, brauchen wir aber genau diese Frauen-Banden und -Bündnisse, die wir noch zu selten über alle möglichen Grenzen hinweg bilden. Wir brauchen gute, kritische Gespräche miteinander. Es muss dabei ja noch nicht einmal um das Thema Gleichberechtigung gehen. Wer etwa als Single glücklich ist, scheint immer auch eine Aussage gegen etwas zu treffen, statt einfach nur für das eigene gute Leben. Frauen und ihr Handeln werden häufig ganz selbstverständlich als permanent politisch aufgefasst. Es scheint eine komische Vorstellung, dass wir auf manche Dinge einfach Lust haben, einfach versuchen, unser Leben nach eigenen Vorstellungen zu leben oder schlicht das Beste daraus zu machen, und nicht immer gleich mit allem, was wir tun, eine Eilmeldung an die Welt schicken wollen. Ich bin jedenfalls noch nie Single aus Protest am System oder wegen mangelnder Gleichberechtigung gewesen, und dennoch wirkt mein zufriedenes Dasein als solches auf viele politisch, nur weil ich eben nicht traurig auf der Suche nach meiner »besseren Hälfte« war oder frei meine Gedanken zum strukturellen Sexismus in unserer Gesellschaft und geschlechterpolitischen Themen äußerte. Und all das wäre auch kein Grund für mich, auf eine Familie zu verzichten – was meinen Idealen entsprechend auch wieder vollkommen inkonsequent ist. Aber diese künstlichen Fronten zwischen Frauen machen es so schwer, über Zustände zu sprechen, etwas für alle zu verändern, oder auch nur, einen entspannten Umgang miteinander zu haben. Doch genau da müssen wir noch mehr und noch ausdrücklicher hin. Ich habe jedenfalls keine Lust darauf, mit jedem Popeln in der Nase oder dem alleinigen Fakt, Single zu sein, gleich als Aktivistin gegen oder für etwas vor den Karren von irgendjemandem gespannt zu werden, sicherlich genauso wenig wie eine Frau, die Wert auf eine lange Kinderbetreuung durch sie selbst legt. Lust darauf, noch größere und bessere Banden mit anderen Frauen zu bilden, habe ich dagegen sehr. Von denen kann es nämlich gar nicht genug geben. Es geht also um nichts mehr, als solidarischer miteinander zu sein, ohne das kritische Gespräch zu scheuen. Wir gestalten unsere Welt schließlich miteinander, und wenn es immer nur um den nächsten Kampf geht, dann steckt man irgendwann im Graben fest, statt etwas aufzubauen. Wenn wir das hinter uns lassen, dann schaffen wir es auch, am Außen zu rütteln, das doch sehr viel mehr die eigenen Werte infrage stellt, ja regelmäßig untergräbt, statt an uns gegenseitig. Und viel wichtiger noch: Wenn wir uns gegenseitig stumm machen und keine neuen Geschichten erzählen können, dann haben die Erzählungen von damals gewonnen, wird ihre Moral von der Geschichte immer die Deutungshoheit über unser jetziges Leben haben – und dann wird sich für keine von uns auch nur irgendetwas ändern. Deshalb darf auf Partys auf gar keinen Fall gelten, dass über Religion, Politik oder Beziehungsmodelle nicht geredet werden darf. Vielmehr sollte es darum gehen, wie wir überhaupt eine Gesprächskultur schaffen, die für andere nicht verletzend ist. Denn mit einer ausgestreckten Hand lassen sich vom Gegenüber nur schwer Fronten aufbauen.

7.

Auf einmal ist da diese Einsamkeit, die nicht mehr gehen will

»Don't make your home out in the snow«
(Devendra Banhart)

Nach langem Warten reißt der Leopard eine Antilope am Wasserloch, die nun still in sich zusammengesackt ist. Ich mache den Fernseher aus, drehe mich langsam zur Seite, starre in den schwarzen Himmel hinaus – und bin ein wenig neidisch, die Antilope hat's wenigstens hinter sich. Ich tigere los zum Kühlschrank, vielleicht noch etwas essen, vielleicht ein Glas Wein. Oder eine Flasche. Ein vorsichtiger Blick auf die Uhr zeigt, es ist noch viel zu früh, um schlafen zu gehen, und zu allem Überfluss scheint der Sekundenzeiger etwas zu zögern, bevor er einen Strich weiterrückt. Wie soll dieser Abend nur je vorbeigehen? Vorausgegangen sind viele gescheiterte Versuche, jemanden für ein Treffen aus dem Haus zu locken – aber sie haben keine Zeit, einfach niemand hat Zeit. Alle wollen heute »mal einen Ruhigen machen«, mit ihren Partnern auf der Couch sitzen oder früh ins Bett gehen, weil morgen Familienprogramm auf dem Plan steht. Und da sitze ich nun, gelangweilt und genervt in dieser beschissenen Wohnung, die sich auf einmal anfühlt wie ein Einsiedlerhof, auf dem ich mich in einem unfreiwilligen Exil befinde. Diese Wohnung, die ich eigentlich so gerne mag, für die ich so dankbar war. Dankbar, sie mir allein leisten zu können auf dem beschissen umkämpften Berliner Wohnungsmarkt und dem beschissenen Kampf um ein Gehalt, das mir keine Sorgenfalten auf die Stirn treibt. Doch auf einmal wurde sie das Abbild meines kläglichen Daseins. Vollgestopft mit viel unnützem Krimskrams und doch zu wenigen, abgelebten Möbeln, die ich zum größten Teil schon seit meiner Jugend mit mir herumschleppe. Dieses billige Laminat, das an vielen Stellen schon aufplatzt, sich nach oben zieht, als würde es nach Luft schnappen; die kleine Sitzecke in der Küche, die aus lauter Hohn auch noch ausreichend Platz bietet. Hier bin ja nur ich. Auf der Spüle ein Teller, ein Glas, ein Besteckset, Dreck, der nur von mir kommt. Was mache ich eigentlich die ganze Zeit mit meinem Leben? Habe ich wirklich hierauf hingearbeitet? Ist es das? Ich fühle mich so erbärmlich, dass selbst Dreck von anderen Menschen, von einem anderen Menschen, über den ich mich aufrege, aber dann milde seufzend wegräumen könnte, so ist das eben, wenn man zusammenlebt, eine schöne Sache wäre. Ich setze mich auf den kalten Küchenboden, spiele mit einer ungekochten Nudel, die da wahrscheinlich schon länger liegt, und versuche noch kurz die Fassung zu bewahren, bevor dann doch die Gewissheit wie ein Jahrhundertregen über mich hineinkracht, alles falsch gemacht zu haben und ein lächerliches, einsames Wesen in einer Welt zu sein, die nicht für lächerliche, einsame Wesen gemacht ist. Vielleicht habe ich ja Glück und bekomme gleich einen Herzinfarkt, dann hätte ich es wie die Antilope auch hinter mir. Was täte es dann allen leid, dass sie keine Zeit gehabt haben! Was werden sie um mich weinen! Mein Selbstmitleid erreicht neue Sphären, und ich suhle mich wie ein Labradorwelpe darin. Jammern kann ein guter Unterschlupf sein in miesen Zeiten. Ich schließe die Augen und stelle mir vor, wie dann alles käme. Was für ein Bild ich und mein Leben wohl abgeben würden, wenn mich die Polizei erst Wochen nach meinem Verenden (allein, so allein) in einem Sud aus meinem Zerfall auffinden würde. Eine bemitleidenswerte Frau, die noch nicht einmal von einer Katze angefressen wurde, nicht mal das. Umringt von vertrockneten Pflanzen, ungekochten Nudeln, heruntergefallenem Kaffeepulver, das ich irgendeines Morgens in der Hektik nur schnell mit dem Fuß unter den Tisch geschoben hatte. Dreckwäsche. Ein ungemachtes Bett. Und eine Doku im Hintergrund, weil der Fernseher immer noch läuft. Oder eine dieser Kochshows vom Vormittag. Ich reiße die Augen auf. Nein, das wäre eindeutig zu unwürdig! So kann es nicht zu Ende gehen. Mein letzter Auftritt wird nicht vom Sound einer in Öl bratenden Hähnchenbrust begleitet. Also schleppe ich mich wehleidig wieder ins Bett, bereit, den Moment noch etwas hinauszuzögern, in dem mein Herz vor Kummer einfach in der Brust vertrocknet und in sich zusammenfällt. Und alles nur, da war ich mir in dem Augenblick sicher, weil ich keine Paarbeziehung hatte. Weil das Leben mit einem Partner einfach besser wäre. Weil wir dann was »Schönes« gemacht hätten. Weil mich dann jemand in meiner Langweile abgefedert hätte, indem er mich bespaßt. Nach Romantik fragte ich nicht, ich fragte nach Ablenkung. Genau darum geht es eben auch in Beziehungen. Zusammensein, damit man nicht so sehr ins Grübeln gerät, weil man sich einfach auf den anderen konzentriert statt auf sich selbst. Diese Hoffnung, sich in der Zweisamkeit nicht so oft selbst begegnen zu müssen. Und die Hoffnung, dass das etwas Gutes ist.

Es war einer dieser wirklich beschissenen Abende, die sich in mein Hirn gebrannt haben. Abende, an denen man an allem zweifelt, vor allem an sich selbst. Und an denen klar wird, was das Gefühl von Einsamkeit für ein tödliches Gift sein kann. Vor allem, weil man nie weiß, wann es um die Ecke kommt und wann es wieder verschwindet. Und woher es kommt. Viel einfacher waren da die Sonntage, die ich nach einer meiner Trennungen zwar auch zu fürchten begann. Aber auf die Sonntage war ich gefasst, und sie waren zeitlich begrenzt. Sonntage waren immer unsere gemeinsamen Tage gewesen. Viel draußen sein, was unternehmen, dann etwas nicht Alltägliches kochen, Tatort, das ganze Klassikerprogramm einer Vorzeigebeziehung. Nach der Trennung wusste ich lange nichts mehr mit diesem Tag anzufangen. Er war lästig geworden und wartete am Ende der Woche auf mich wie ein Hund vor dem Supermarkt, den ich nicht mehr bereit war abzuholen. Weil ich an ihm am meisten spürte, dass da jemand fehlte, der zuvor noch da war. Es war ein Hohlraum entstanden, den ich wieder zu füllen lernen musste, und zwar mit etwas anderem als Nostalgie. Und überhaupt erst einmal lernen musste, dass ihn zu füllen eine gute Sache ist. Denn das ist eben auch ein weiterer Abschied. Aber das war genauso wenig Einsamkeit wie an dem Abend des großen Selbstmitleides, auch wenn es sich in dem Moment für mich so anfühlte. Ich hätte schließlich weiter in meinem Telefonbuch kramen können, als nur nach den üblichen Nummern zu schauen. Irgendetwas tun, was ich sonst auch tat, wenn ich Gesellschaft haben möchte. Nein, diese

Einsamkeit war eigentlich getarnte Gewohnheit, Langweile und Unzufriedenheit, weil ich mir den Abend anders vorgestellt hatte. Weil ich ganz bestimmte Menschen sehen wollte. Ich hätte es besser wie Françoise Hardy gehalten, die einmal in einem Interview sagte: »Ich habe Melancholie immer als etwas Funktionelles empfunden. Die allerschönsten Melodien sind traurig.« Aber wenn man Pech hat, verschwendet man zu viele Gedanken daran, ganz schlimm dran zu sein, weil einem vermeintlich etwas fehlt, statt einfach mal in die Melancholie hineinzuschlüpfen, wenn sie sich in einem auftut, und es sich in diesem Kokon für eine Weile gemütlich zu machen. Denn das Gute an herkömmlicher Melancholie ist ja, dass sie von Sehnsucht erzählt – und der kann man ruhig mal eine Weile zuhören. Ich hatte das Glück, dass diese dunklen Gedanken am nächsten Morgen wieder weg waren und ich über meinen dramatischen Auftritt für mich allein lachen konnte, aber wenn es richtig dumm kommt, und es kommt bekanntlich meistens dann dumm, wenn man es am wenigstens gebrauchen kann, kann ein solcher Moment auch der Beginn einer sehr schweren Zeit sein. Es lässt sich vieles ertragen, aber wenn sich Alleinsein in echte Einsamkeit und Angst verwandelt, in Misstrauen, in Stillstand und man sich selbst dafür zur Verantwortung zieht, gerät man schnell an einen sehr finsteren Ort. Oder zumindest an einen, an dem man sich nicht mehr zurechtfindet, obwohl man ihn doch eigentlich so gut kennt. Auf einmal kippt die Sicht auf das eigene Leben, dreht sich um, aus Weiß wird Schwarz, aus Oben Unten, und plötzlich kann man sich nur noch tastend zurechtfinden, weil man die Sicherheit zu wissen, was ist und warum man an diesem Ort ist, verloren hat. Auf einmal wirkt alles wie Holland statt wie die Alpenkette, die man mit aller

Mühe erklommen hatte und von der man stolz auf das Geschaffte zurückblicken kann. Es ist, als hätten sich die Sinne geschärft, und man kann endlich klar sehen – sehen, dass das nichts ist. So ging es einer Freundin von mir, die mir bei einem unserer Treffen plötzlich zwischen Alltagserzählungen und Neuigkeiten zu ihrer aktuellen Affäre entgegenrief: »Ich führe so ein kindisches Leben!« Ich verstand nicht ganz. »Was meinst du damit?« Sie seufzte und erzählte von einem Abend, an dem sie wiederum mit einer anderen Freundin ausgegangen war, die gerade in einer Beziehung ist. Während die nach einiger Zeit immer wieder auf die Uhr zu schauen begann, weil daheim jemand wartete, der sie offensichtlich auch zu einer bestimmten Uhrzeit zurückerwartete, wollte sie einfach ein wenig die Nacht durchmachen. Doch dazu kam es nicht. »Ich stand also, viel zu früh, wieder auf der Straße, um mich herum Menschen, die gemeinsam nach Hause eilten oder jemanden hatten, der sich mit ihnen noch an der Theke festkrallte, und kam mir so blöd vor, so lächerlich. Ich wollte nicht nach Hause, ich wollte noch nicht allein sein, ich wollte, dass wir einen Abend haben, wie wir sie früher zusammen hatten. Und ich wollte nicht, dass es sich schlecht anfühlt, dass bei mir niemand wartet. Denn das hat es nie! Aber jetzt seid ihr alle in Beziehungen, und ich stehe da und führe das kindische Leben allein, hängen geblieben an den Freuden unseres Studiums. Was ist da falsch gelaufen?« Jetzt musste ich lachen. »Inwiefern führst du denn ein kindisches Leben? Du hast uns, du hast einen Job, du hast eine eigene Wohnung, du schaffst es mittlerweile sogar, dass Pflanzen bei dir länger als eine Woche überleben. Du reist durch die Welt, du machst deine Steuererklärung, du hast eine private Vorsorge fürs Alter! Ich meine, wer hat schon in unserem Alter Geld für eine verdammte private Vorsorge? Wer hat überhaupt Geld für eine private Vorsorge? Kindisch ist an deinem Leben wirklich nichts.« Sie seufzte. »Du weißt, was ich meine. Für den nächsten Schritt im Erwachsenendasein gehört irgendwie auch eine Beziehung, zumindest für mich. Ich bin Anfang 30, ich will jemanden an meiner Seite, und ich will in naher Zukunft Kinder. Aber alles, was ich habe, ist ein Job, für den ich mir seit Jahren rund um die Uhr den Arsch aufreiße, Affären und Dinge, die man sich kaufen kann. Was ist das am Ende wert?« Ich wusste auf die Schnelle nicht, was ich antworten sollte. Denn woher kommt überhaupt die Idee davon, als erwachsene Frau nur deshalb kein erwachsenes, kein reifes Leben zu führen, weil sie nicht in einer Paarbeziehung ist? Junge Mädchen gehören in den Schoß einer Familie, erwachsene Frauen an die Seite von jemandem – und wenn das nicht passiert, bleibt man in der Unreife hängen? Ging es beim Erwachsenwerden nicht darum, allein zurechtzukommen, Entscheidungen treffen zu dürfen? Natürlich bedeutet die Gründung einer Familie ein Mehr an Verantwortung für andere, aber auch die Verantwortung für uns selbst braucht Reife. Und ein erwachsenes Leben ohne eigene Familie bedeutet nicht, dass man nicht eine (gewählte) Familie um sich hat, für die man genauso Verantwortung und Sorge trägt, oder dass es keine älteren Familienmitglieder gibt, um die man sich kümmert. Während ich mir noch das Hirn zermarterte, fuhr sie schon fort: »Nichts ist das wert! Ich wache in letzter Zeit immer öfter nachts mit Herzrasen auf und wusste erst nicht wieso. Bis ich merkte, ich habe Angst. Ich habe verdammt noch einmal beschissene Angst vor dem, was kommt, was vielleicht nicht mehr kommt. Vor dem Alter! Was ist, wenn ich allein bleibe, wenn da dann keine Familie ist? Nicht mal die Arbeit macht für mich mehr Sinn. Aber mein privates Leben, das ist nicht egal. Das läuft nur, wenn ich dabei bin. Wenn ich etwas draus mache, was ich mir wünsche. Und dieser Gedanke geht einfach nicht mehr weg!«

Wir hatten es hier mit einer waschechten Identitätskrise zu tun. Sie saß direkt neben meiner Freundin und starrte sie düster an. Raunte ihr unnachgiebig ins Ohr, was sie alles nicht hat, was schiefläuft. Hier ging es um mehr als ein diffuses, gerade mal nicht »glücklich sein«. Hier ging es um die Frage, vielleicht vollkommen an seinen eigenen Bedürfnissen vorbei ins Nichts gearbeitet zu haben. Sich ein Leben aufgebaut zu haben, das man eigentlich nicht führen will. Ich versuchte es trotzdem. Aber alles reden half nicht, es half nicht, sie zu fragen, ob es nicht am Job liegen könnte und ein Wechsel notwendig wäre. Es half nicht, ihr zu sagen, dass sie ihr ganzes verdammtes Leben noch vor sich hat, und alles, was sie sich wünscht, noch eintreten kann. Dass sie alles umschmeißen und neu anfangen kann, wann immer sie Lust darauf hat. Es half nicht, zu sagen, dass wir immer da sind und sie nie allein wäre, auch wenn sie keine eigene Familie gründet. Und dass sie, wenn sie sich das wünscht, auch dafür noch Zeit hat. Nichts half. Wie auch. Wenn man sich romantische Liebe wünscht oder einen Traum von einer Zukunft hat, den man sich nicht allein erfüllen kann, hilft es eben nicht, mit schnöden Fakten um die Ecke zu kommen. Bringt es nichts zu sagen, dass man theoretisch ein sehr, sehr gutes Leben führt. Sogar eines, bei dem andere wahrscheinlich neidisch hinüberblicken und sich denken: Wie gerne hätte ich, was sie hat. Man kann jemandem, der unglücklich ist, nicht einfach sagen: Komm, lächle doch mal! Alles gut! Außer man befindet sich auf dem Emotionslevel einer Amöbe, dann natürlich schon. Vielleicht hätte es aber geholfen, wenn ich ihr von den Experimenten erzählt hätte, die Daniel Gilbert an der psychologischen Fakultät der Universität Texas gemacht hat und bei denen es darum ging zu erkunden, wie unser Gehirn Informationen verarbeitet. Heraus kam Folgendes: Wir bekommen eine Information und glauben sie erst einmal, um sie zu verstehen, und erst im Anschluss ordnen wir sie als richtig oder falsch ein. Werden wir während dieses Prozesses jedoch abgelenkt, dann neigen wir dazu, in dem Glauben an die Aussage zu verharren, auch wenn uns in einem anderen, ruhigen Moment klar geworden wäre: Das, was ich gelesen oder gehört habe, stimmt nicht. Was also passiert, wenn man sich in Momenten der absoluten inneren oder äußeren Unruhe die düstersten Theorien über sich selbst erzählt? Dass man wertlos, nicht liebenswert, für die Einsamkeit bestimmt ist? Geht man der Theorie nach, würden wir sie glauben, sie unkritisch abspeichern, ohne dass sie objektiv wahr sein müssen. Oder wie Gilbert seine Studien erklärt: »Menschen sind vertrauensselige Geschöpfe, die es sehr leicht finden zu glauben und sehr schwer zu zweifeln.«[33]

Ich versuchte es aber anders. »Gibt es denn irgendetwas, über das du gerade glücklich bist? Das dich zufrieden macht?«, fragte ich. »Ja, schon. Ihr, meine Familie, meine verdammte Reise nach Schweden nächste Woche. Ach, eigentlich alles. Aber da fehlt eben etwas. Und ich habe das Gefühl, mir läuft so langsam, aber sicher die Zeit davon, um das in meinem Leben noch hinzubekommen. Um in diesem

---

33 https://www.researchgate.net/publication/14833723_You_Can%27t_Not_Believe_Everything_You_Read

verdammten Erwachsenenleben anzukommen, das ich mir einmal vorgestellt hatte. Alle anderen schaffen es doch auch. Was stimmt denn mit mir nicht?« Tja, was stimmte nicht mit ihr?

»Was wir empfinden, ergibt sich aus der Umgebung, die wir empfinden«, schreibt die Autorin Moira Weigel in einem spannenden Buch über die Kulturgeschichte des Dating.[34] Wir empfinden uns nicht in luftleeren, sondern immer in gesellschaftlich aufgeladenen Räumen und Motiven als klein oder stolz, als falsch oder richtig. Das, was wir fühlen, und wie wir uns selbst wahrnehmen, hängt unweigerlich damit zusammen, wie die Welt um uns herum aussieht – wir stehen also immer in Bezug zum Außen, zu anderen, wenn wir unseren Selbstwert oder unser Vorankommen auf der Lebenslinie beurteilen. Was das Außen meiner Freundin zeigte, waren auf einmal sehr viel mehr Menschen, die in Beziehungen sind und die damit beginnen, eine Familie zu planen, die sich in Zweierkonstellationen zurückziehen, darin aufgehen. An ihr war also rein gar nichts falsch, nur draußen hatte sich das Rad in eine Richtung gedreht, mit der sie sich auseinandersetzen und in der sie ihren eigenen Platz neu verorten musste, wo sich doch für sie eigentlich gar nichts geändert hatte. Auch nicht ihr Zustand von Glück oder Unglück – aber genau da sind wir wieder in den Räumen, in denen wir uns wahrnehmen. Das zeigt sich auch ganz schnell im Arbeitsleben. Eine Freundin hat einen neuen Job, der mehr Prestige einbringt oder mehr Geld? Auf einmal scheint einem der eigene Job vielleicht kläglich, obwohl er vorher noch schön und erfüllend war. Hatte man sich zuvor selbst getäuscht?

---

34 Moira Weigel, Dating: Eine Kulturgeschichte. btb Verlag, München 2018.

Hat man sich mit zu wenig zufriedengegeben? Wissen die anderen mehr vom guten Leben? Bekommen sie mehr davon ab? Die Antwort darauf ist meist: Nein. Und doch fällt es schwer zu glauben, man selbst stecke nicht in der Traufe fest, wenn sich die Gefüge um uns herum verändern. Die Beziehungen, die wir in unserem Leben eingehen oder auch beenden, bedingen sich immer gegenseitig, nehmen Einfluss auf mehr als zwei Leben, verschieben den Alltag manchmal nur um ein Mü und stoßen eben ausgelöst aus dieser Minimalbewegung doch sehr viel mehr an, als man zunächst wahrnimmt. Der berühmte Schlag des Schmetterlingsflügels, der einen Tornado zwar nicht auslösen, aber verändern kann. Die Chaostheorie kann nicht nur auf das Wetter angewandt werden, sie ist auch eine, die im Alltag wirkt. Aber was hätte es geholfen, das jetzt zu erwähnen, schließlich ging es erst einmal nicht um das Warum, sondern darum zu verstehen, was ist. »Sag mal, fühlst du dich einsam?« Sie nickte. »Manchmal schon. Und gerade sehr.«

Da ist es wieder. Das Gefühl der Einsamkeit ist so gnadenlos, weil es zu einer Festung mit dicken Mauern werden kann, bei der die Zugangsbrücke vergessen wurde. Bis dahin aber durchläuft man häufig einen schleichenden Prozess, beginnend aus dem Gefühl des Alleinseins, das erst einmal gar nicht schlimm sein muss. Wird das aber zur Einsamkeit, dann breitet sie sich im Inneren wie ein kalter, schwarzer Teppich aus, der sich langsam über das Herz legt und sich nach und nach bis nach außen vorarbeitet, die Beine schwer macht, sich über einen legt, und durch den die Töne der Welt nur noch verfremdet und dumpf durchdringen. Das ist der Moment des Bruchs mit dem Leben, das man doch immer so arglos vor sich hinlebte, ohne dass man die Zeichen zuvor hätte deuten können. Plötzlich steht man außen vor, und diese verdammte Angst, dass es ab nun immer so sein könnte, dass dieses innere Frösteln ab sofort unweigerlich Teil von einem sein wird, ergreift vollständig Besitz von einem. Dass das jetzt dieses Leben ist, das man nun eben durchstehen muss. Allein, einsam, falsch abgebogen, während die anderen auf der schönen Allee von gegenüber fröhlich herüberwinken. Dagegen hilft nur Liebe und Aufmerksamkeit. Und davon bekommt man häufig aktiv weniger mit, wenn man als Single in einem Umfeld aus Nicht-Singles lebt. Das scheint noch immer ein ungeschriebenes Gesetz. Romantische Beziehungen brauchen viel Zeit, gerade jene, die neu entstehen. Jahrelange Verbindungen müssen da oft nicht in Sachen Liebe, aber doch in Sachen Aufmerksamkeit zurückstecken, auch wenn das wahrscheinlich nicht mal eine der beiden Seiten bewusst will. Wir haben eben aus tausenden Erzählungen gelernt, dass Freunde beständiger sind als romantische Beziehungen, dass sie mehr aushalten können müssen und dass das, was zwischenmenschlich erprobt ist, auch mal warten kann. Eigenartig, wenn man bedenkt, dass wir uns sonst so sehr in Sicherheiten stürzen und eher das pflegen, was uns erfolgsversprechender scheint. »Ich brauche mehr Zeit für meine Freunde« ist ein Satz, der erst lange nach »Ich brauche mehr Zeit für meine Beziehung« kommt. Eine Haltung, über die man durchaus einmal nachdenken kann, denn auch hier wertschätzen wir Paarliebe wieder sehr viel mehr als die Liebe, die sonst in unserem Leben ist. Und wenn es nicht so ist, dann schaffen neue Beziehungen, die in einem sozialen Gefüge entstehen, zumindest eine neue Dynamik, die sich nicht immer für alle gut anfühlt. Die sich manchmal eben doch so anfühlt, als müsse man Liebe aufteilen. Eine andere Freundin, die schon seit einigen Jahren Single ist, erzählte mir davon, wie sie Mitte ihrer 30er, ihre Freunde waren alle in Beziehungen, das Gefühl von Einsamkeit bekam, weil sie nicht mehr Teil des Ganzen zu sein schien. Für bestimmte Aktivitäten wurde sie plötzlich nicht mehr angerufen, weil das »Pärchendinge« waren, »da langweilst du dich doch nur«. Kam es dann zu Treffen unter den Freundinnen, reichte bei ihr auf einmal meist ein knappes: »Und, gibt's bei dir irgendwas Neues?«, um sich dann wieder den Beziehungsthemen zu widmen, bei denen ihre Meinung ebenfalls nicht gefragt war. »Das verstehst du nicht!« Als hätte sie noch nie Beziehungen gehabt. Als würde Mensch sein nicht ausreichen, um über Beziehungen sprechen zu können. Jetzt würden die meisten wahrscheinlich sagen: »Dann such dir eben neue Freundinnen!« Aber ist es nicht zu einfach, die Verantwortung an denjenigen abzugeben, der sich in einer Situation unwohl fühlt, statt mehr von einem Umfeld einzufordern, das dieses Unwohlsein auslöst?

Denn genau diese manchmal unbedachten Handlungen führen eben dazu, dass man sich als Mensch ohne Beziehung wie ein Mensch zweiter Klasse vorkommen kann. Einsam ist, weil einem das Alleinsein attestiert wird, als gäbe es nur ein Sozialleben, wenn man in einer Beziehung ist. Als würde das Leben ohne Partner oder Partnerin weniger, kleiner, unbedeutender sein als das mit ihnen. Ein Teufelskreis. Ich kenne viele Frauen, die fest daran glauben, dass sie als Single weniger wert sind und wiederum nur Single sind, weil sie es nicht wert sind, geliebt zu werden. Und ich kenne das auch von mir in Single-Zeiten. Und es gibt nicht wenige, die mit diesem Gefühl nicht nur einen Abend verbringen oder eine Phase durchmachen, sondern es ihr gesamtes Erwachsenenleben in sich tragen. Unsere Welt ist eben dann nicht für Singles gemacht, wenn Paarsein als Währung für soziale Teilhabe gilt. Und das tut es, immer noch. Nicht nur bei geschiedenen Menschen auf dem Dorf oder in der Neubausiedlung voller Jungfamilien, wo Grillfeste auf einmal ohne einen stattfinden, sondern eben auch beim Sonntagsbrunch in der Großstadt. Und viel zu selten ist der Ausschluss aus bestimmten Freundes- und Lebensbereichen und die dadurch entstehende Einsamkeit dann der ausschlaggebende Punkt, um eine emotionale Sinnsuche zu beginnen, die mit der Frage verbunden ist: Muss ich wirklich außerhalb von einem sozialen Gefüge stehen, oder wurde ich da künstlich hingestellt? Viel zu oft nimmt man leider Ersteres einfach als wahr an und damit die Last wieder auf sich: Ich bin ja nicht genug, ich bin eben anders, ich bin falsch.

Diese Sinnsuche startet am besten damit, dass man sich mit dem Einsamkeitsgefühl konfrontiert, es direkt anschaut. Versucht zu verstehen, warum sich diese Einsamkeit wie eine kalte Decke über die Schultern gelegt und sich in ein Leben eingeschlichen hat, das gestern, oder vor ein paar Monaten, noch gut, noch gefüllt war. Oder warum sie einem mit sicherer Hand über den Rücken streift, selbst wenn man in einer Menschenmenge steht. Warum sie wie Watte über dem Herzen liegt, selbst wenn man in einer lachenden Gruppe von lieben Menschen sitzt. Warum sie einem schon zum zehnten Mal das Weinglas zum Mund führt, obwohl man schon längst genug hatte. Ist sie gekommen, als jemand anderes gegangen ist? Ist sie aufgetaucht, als jemand dazugekommen ist? Oder während man auf jemanden wartete? Ist sie nach diesem einen Traum entstanden, der einen in der nächsten Nacht nicht mehr die Augen zumachen ließ? Oder hat sie schon sehr, sehr lange, fast unbemerkt, hinter einem gestanden und hat nun nur einen Schritt nach vorne gemacht, sich neben einen gestellt? Erst wenn man weiß, woher sie kommt, kann man auch etwas dagegen tun. Die Antwort darauf ist aber ganz sicher nicht automatisch: Weil ich keine Beziehung habe oder weil ich mir eine andere Liebe in meinem Leben wünsche als die, die ich schon lebe. Und die Antwort ist auch nicht, dass man einfach aus schierer Gewohnheit den Gedanken akzeptiert, sich als Single-Frau in eine der schlimmsten Lagen überhaupt katapultiert zu haben und dann nur noch leise durchs Leben schleicht, unterm Radar bleibt. Das eigene Licht dimmt, das eigentlich so hell sein könnte, dass es die ganze verdammte Nacht durchreißt. Und alles nur, weil wir wie besessen daran glauben, dass man nur ganz ist, wenn man zu zweit ist. Aber es gibt keine besseren Hälften, es gibt nur Menschen, die dazukommen, und Menschen, die wieder gehen. Ganz ist man nie. Immer. Wir sind stets in Bewegung, in einem Prozess, zu werden, sind immer im Prozess, uns zu betrachten und vor- oder zurückzugehen. Uns wahrzunehmen. Paarbeziehungen füllen keine Leben. Ein Leben wird nicht allein durch Paarbeziehungen aufrechterhalten oder dadurch gestürzt, wenn man auch ansonsten ein enges, liebesvolles Netz aus Menschen um sich hat. Denn natürlich sind wir Menschen eben soziale Wesen, es gibt sicher nur ein paar wenige, die nur sich selbst brauchen. Aber auch die gibt es. Oder man ist vielleicht ein Hikikomori. Der Begriff kommt aus dem Japanischen und beschreibt Menschen, die aus Überforderung keinen unmittelbaren sozialen Kontakt mehr pflegen wollen oder können. Aber grundsätzlich gilt: Beziehungen zu anderen Menschen sind notwendiges Futter für die Seele, ganz klar. Romantische Liebe ist nichts Existenzielles. Die Welt dreht sich schließlich auch dann weiter, wenn wir ohne Partner sind. So wild kann es also nicht sein. Abermals: Ist es nicht eigenartig, dass wir in Sachen Liebe immer eine so starke Wertung vornehmen? Intensitätspyramiden erstellen? Ich erkenne wirklich nicht viel Unterschied zwischen einer tiefen Liebe zu den Eltern oder den Geschwistern, einer tiefen Liebe zu den engsten Freunden und der tiefen Liebe zu einem Partner oder einer Partnerin. Ich erkenne keine Qualitätsunterschiede in den Gefühlen, die ich dabei spüre oder weitergebe. Der Unterschied liegt für mich eigentlich nur darin, wie sich diese Liebe ausdrückt und wie unterschiedlich die Beziehungen sich gestalten, nicht aber an dem Gefühl an sich. Es ist doch eigenartig, wie das Wesen der Liebe allzu gerne so wahnsinnig eng eingegrenzt wird, wie man es künstlich kategorisiert, als sei sie nur auf eine bestimmte Weise und an bestimmten Orten zu spüren, zu leben, zu geben. Aber ganz generell glaube ich auch, dass es etwas wesentlich Wichtigeres gibt, als geliebt zu werden, wenn man sich Gedanken über den Sinn des eigenen Daseins macht und den Blick in die Zukunft wagt, auch wenn es sich manchmal im Alltag kaum um etwas anderes zu drehen scheint. Nämlich eine hoffentlich positive Antwort auf die Frage zu haben: Wie sehr liebe ich selbst, und wie sehr habe ich geliebt? Wenn es um die Angst im Alter geht, dann kann ich nachfühlen, dass es einsam werden könnte ohne eigene Familie, ohne Partner. Aber Einsamkeit, davon bin ich leider auch überzeugt, wartet im Alter sowieso auf uns auf die ein oder andere Weise. Ob in einer Paarbeziehung oder nicht. Und ich glaube nicht, dass man sich dann fragt: Wie sehr wurde ich geliebt, sondern vielmehr, wie viel habe ich selbst geliebt? Wie viele Tage, Jahre, Minuten hat das den Blick auf meine Welt, auf meine mir wichtigen Menschen bestimmt? Ich würde mir wünschen, dass ich irgendwann nicht mehr nach Liebe fragen muss, sondern sagen kann: Die Liebe hat in mir gelebt – und das hört sich jetzt wahrscheinlich größer und verklärter an, als es gemeint ist. Aber helfen diese Gedanken nun, wenn man sich genau jetzt einsam fühlt? Natürlich nicht. Dagegen hilft nur, kein Arschloch zu sein, auch und vor allem nicht sich selbst gegenüber. Und sich Zeit füreinander zu nehmen, interessiert aneinander zu sein. Auch beim verdammten Pärchenbrunch. Denn ja, Einsamkeit ist genauso ernst zu nehmen wie der Wunsch nach romantischer Liebe. Wegreden hilft dagegen nicht. Darüber reden aber bestimmt, und eines hilft ganz sicher: da sein.

8.

Die Liebe und das Geld: Wie wir uns dankbar von der Industrie verarschen lassen

Mit dem Wunsch nach Liebe und Zuneigung, durch andere und zu sich selbst, lässt sich viel Geld verdienen – etwa mit kostenpflichtigen Dating-Plattformen, auf denen man anhand von Hobbys und Gesichtsbildern, im schlimmsten Fall sogar anhand des Berufsstandes, seine Liebe finden soll. Ein sehr abgeklärter Blick auf das, was Liebe sein soll und dann vielleicht eher eine Vereinbarung wird, oder doch eben Liebe, wer weiß es schon. Oder mit Single-Partys, die in der Provinz immer noch Hochkonjunktur haben, und auf denen hoffnungsvolle Tröpse unter Beschallung von Ballermannmusik das Glück suchen sollen – und an deren Ende man wahrscheinlich vor allem erneut herausfindet, dass vier Long Island Ice Teas wirklich zu verdammt unangenehmen Kopfschmerzen führen. Aber es gibt eben auch Begegnungen, die ihre volle Kraft erst mit der Untermalung von Helene Fischer entfalten. Geschmackssache. Oder Speeddating, Himmel hilf, gibt's das noch? Zwei-Minuten-Bewerbungen, Vorläufe von Tinder und Co., die die Entscheidung, ob Liebe hinter einem noch unbekannten Gesicht warten kann, auf noch kürzere Zeit eingedämpft haben. Und natürlich kostenpflichtige Diätprogramme oder Fitnessstudios, in denen man für den geilen Body ackert – denn wer geht schon ernsthaft wegen seines Rückens in die stickigen Hallen, um im Kreise vieler verschwitzter Menschen und nervtötender Bild- und Ton-Beschallung seine Zeit zu verbringen. Aber, hey, auch das: warum nicht. Im Zweifel kommt dabei wenigstens noch aus Versehen eine stabile Rückenmuskulatur bei raus. Wirklich problematisch ist dagegen die Verbindung von Geld und Liebe, wenn es um echten Körperkult, oder vielmehr Körperscham, geht, die nicht zuletzt sehr erfolgreich durch eine Allianz zwischen der Beauty- und Pflegeindustrie und den Medien befeuert wird. Der Druck, der auf diese Weise entsteht, ballert sich in aller Regel schon verdammt früh in das Hirn einer jungen Frau, um sich dort erst einmal festzusetzen und sein abartiges Werk zu tun. Denn das Ergebnis ist meist kein »schönerer« Körper, was auch immer das sein soll, sondern vor allem ein sehr problematisches Verhältnis zu ebendiesem, ganz gleich, wie er aussieht. Und das nur, um für andere attraktiv zu wirken.

Als ich das erste Mal eine Anti-Cellulite-Creme benutzte, war ich wahrscheinlich etwa 14 Jahre alt. Ich war 14 Jahre alt und hatte die pralle Haut, die eine 14-Jährige eben hat. Das hielt mich aber nicht davon ab, diese Haut schon zum Projekt zu erklären. Und zwar aus einer Unsicherheit gegenüber meinem Aussehen heraus, die wahrscheinlich den meisten Teenagern anhaftet, die vielen Frauen in Bezug auf ihren Körper sogar ein Leben lang anlastet, und weil ich schon in frühen Jahren ein extrem frustrationstolerantes Konsumopfer geworden war. Die Botschaften in Werbung, Frauenzeitschriften oder Modekatalogen, die ich wie ein Schwamm aufsog, waren deutlich: Da geht wesentlich mehr als das, was dir von Natur aus mitgegeben wurde. Da muss mehr gehen, du brauchst das. Ich hatte mich also schon damals der Annahme verschrieben, dass ich neben einem Subjekt auch ein Objekt bin, das sich in einer Konkurrenzsituation befindet. Denn ein Objekt muss schließlich begehrt werden, damit es etwas wert ist. Und als dieses Objekt verglich ich mich nicht nur mit meinen Freundinnen in der Schule, sondern konkurrierte schon als Mädchen, so schien es mir zumindest, mit all den Topmodels, die ich täglich zu sehen bekam. Erwachsenen Frauen, die sich breit lächelnd die Anti-Cellulite-Creme auf ihre perfekten Oberschenkel rieben, sich Achseln rasierten, in denen nicht ein Stoppel zu sehen war, und ihre dicken, glänzenden Haare durch Wundershampoos und die Kraft von Haarsprays erhielten. Ich glaubte an diesen Zauber – und wollte etwas davon abhaben. Also ergriff ich eifrig die mir damals sehr realistisch erscheinende Chance, einen Teil dieser »Perfektion« erkaufen zu können. Auch weil ich mir sicher war, mein schnödes Leben, mein lächerlich belangloses Dasein, würde sich wesentlich verbessern, wenn ich eines Tages so schön sein könnte wie diese Frauen. Also cremte ich, zementierte mir mit dem gleichen Haarspray den nervigen Haarwirbel und meinen fransigen Pony, in der Hoffnung, dass wie durch Zauberhand endlich eine Mähne daraus werden würde, und rasierte mir den weichen Flaum weg, der sich in meinen Achseln breitgemacht hatte. Den sollte bloß niemand sehen – also natürlich nur einmal schnell die beste Freundin, als Beweis, dass da schon Haare sind. Denn klar war: Ich musste diese Haare haben, um eine Frau zu werden – und ich musste sie wieder loswerden, um eine schöne Frau sein zu können. Als aus meinen Federn auf dem Kopf aber nie eine glänzende Mähne wurde und die Rasur eines einstigen Flaums zu einer täglichen, zeitfressenden Aufgabe am ganzen Körper geworden war und ich dennoch nicht aussah wie meine damaligen Vorbilder, wurde ich zwar frustrierter, gab aber deshalb natürlich nicht auf – nein, ich verlangte mir einfach noch mehr ab. Es musste doch möglich sein, aus diesem stinknormalen, leicht lädierten Körper noch etwas zu machen, auf das ich stolz sein konnte. Also kaufte ich mit den Jahren immer mehr und teurere Produkte, aß weniger, weil dünner immer gut war (und dann aus Frust natürlich wieder zu viel), machte mehr Sport und arbeitete mich so an einem Körper ab, der objektiv gesehen natürlich schon längst perfekt war. Der Körper einer jungen Frau, an dem nichts, aber auch gar nichts zu beanstanden war. Denn er war gesund, was mehr hätte ich mir wünschen können? Ein Körper, der nichts dafür konnte, dass man so an ihm krittelte, zerrte, rieb, knetete, an ihm seinen Hass ablud, außer, dass er zufällig der eines Mädchens geworden war. In der Zeit, in der ich mich am wenigsten mochte, wog ich vielleicht gerade einmal um die 60 Kilo und hielt das tatsächlich für einen unhaltbaren Zustand. Frau sein, das lernte ich schon damals, ist mit verdammt viel Arbeit verbunden. Arbeit, die daraus entsteht, sich begehrenswert für andere zu machen – und wenn man dabei nicht mitzieht und das Begehren ausbleibt, dann sinkt der Wert eines weiblichen Menschen. Das alles ist nicht nur eine Tretmühle, in der Mädchen und Frauen beschäftigt gehalten werden und die ihnen Zeit für andere, wichtigere Dinge im Leben raubt, sondern ist auch mit sehr vielen Kosten verbunden. Aber auch mit Geld war nicht allem beizukommen, wie etwa meinen zarten Dehnungsstreifen, die sich an meiner schnell wachsenden Brust bildeten. Sie waren nicht zu bearbeiten, egal, wie fleißig oder diszipliniert ich war. Sie wurden zu einem Mahnmal für einen Körper, der so eben doch versagt hatte, selbst dann, als ich mich ansonsten in meiner eigenen Wahrnehmung dahingebracht hatte, schön zu sein. Also vermied ich die weit ausgeschnittenen Tops, die alle gerade trugen, und versuchte, bei jedem Schwimmbadbesuch mit Freunden so zu liegen, dass sie möglichst nicht zu sehen waren – statt mich darauf zu konzentrieren, wie die Wassertropfen nach dem Baden im Sonnenlicht wie Perlen auf dem Körper glitzerten. Ich hatte anderes zu tun, als den Ausflug zu genießen, ich war mit meiner Scham beschäftigt. Der Scham über die paar lächerlichen, zarten Streifen. Es gab kein Entkommen, sie blieben. »Was ist das, das sieht komisch aus?«, fragte mich eine Mitschülerin in der Umkleide einmal irritiert. »Dehnungsstreifen«, sagte ich kleinlaut, »mein Bindegewebe ist nicht so gut.« Sie lachte. »Wie so eine Schwangere.« Aber es brauchte gar nicht derlei Kommentare, um mich zu verunsichern, ich war längst schon selbst zu meiner größten Feindin geworden. Wie groß diese Feindschaft meinem Körper gegenüber wurde, zeigte sich auch an meinem Verhältnis zu meinen Leberflecken. Mein Körper, insbesondere meine Arme und mein Rücken, gleichen einer Milchstraße – zumindest finde ich das heute. Ein Sternenbild, wie auf einem Negativfilm. Doch als junges Mädchen gab es einen Sommer, in dem ich es nicht einmal mehr wagte, ein T-Shirt zu tragen, nur um meine »hässlichen Flecken«, von denen kein anderer in meiner Umgebung so viele hatte wie ich, im Verborgenen zu lassen. Anders sein fühlte sich nicht gut an. Lieber schwitzte ich in Langarmshirts, als weitere meiner Makel an mir offenzulegen – und natürlich auch als Versuch, selbst kurz zu vergessen, dass ich sie habe. Auch sie konnte ich nicht mit Disziplin oder Geld loswerden, es sei denn, ich hätte versucht, sie wegzuschneiden, was ich glücklicherweise nicht tat, auch wenn ich einmal kurz mit dem Gedanken liebäugelte. Also lebte ich mit der idiotischen Scham, nicht den Körper zu haben, den ich selbst von mir erwartete, mir sehnlichst wünschte und von dem ich dachte, dass ihn auch andere nicht lieben könnten. Und das waren Gedanken, die ich paradoxerweise – das weiß ich heute – mit einem herkömmlich als durchaus sehr schön zu bewertenden Körper hatte. Was auch immer das wieder bedeuten mag. Denn wäre ich in eine andere Zeit oder an einem anderen Ort geboren worden, dann hätte es ein anderes »schön« gegeben. Und auch da hätte ich dann wohl Sorgen mit meinem Körper gehabt – andere eben. Denn alles dreht sich um den einen fatalen Punkt: Als Frau ist dein Körper dein Kapital. Ganz besonders, wenn du Single bist. Das lernen eben auch schon sehr junge Menschen – und das ist keine individuelle Erfahrung.

Denn diese ungesunde, fast missbräuchliche Beziehung zum eigenen Körper gehörte nicht nur für mich, sondern auch für viele meiner Freundinnen in unterschiedlichen Ausprägungen zum Alltag. Kaum eine von uns war »richtig«, kaum eine zufrieden, ganz gleich, wie jede von uns aussah. Von der Sommersprosse über die Brustgröße bis hin zu Hüftumfang und Knieausprägung bot sich alles an, um mit sich selbst zu hadern. Diäten, damals Anfang der 2000er Jahre insbesondere Mono-Diäten mit Kartoffeln oder Ananas, mit denen man sich dann wochenlang vollstopfte und hoffte, so ein schönerer Mensch zu werden – dabei verlor man aufgrund der geschmacklichen Langeweile einfach nur die Lust am Essen oder konnte nicht mehr essen, weil die Enzyme der Ananas die Mundschleimhäute so schmerzhaft brennen ließen –, Antifalten- und Anti-Cellulite-Cremes, Selbstbräuner, Rasierermarken, jedes denkbare Haar- oder Make-up-Produkt, um immer besser, oder, am Ende des Tages, wahrscheinlich begehrenswerter und »more fuckable« werden, waren ab der Mittelstufe extrem heißer Gesprächsstoff auf dem Schulhof. Und es hielt sich bei mir bis ins Studium. Glücklicherweise jedoch nicht länger. Schön sein war immer noch ein Thema, natürlich war es das auch immer noch. Aber ich hatte ein Umfeld gefunden, in dem Schönheit breiter gedacht wurde als bis zum joggenden Model aus der Yogurette-Werbung – weil es diversere Vorbilder gab und ich Zugang zu Medien und (wissenschaftlicher) Literatur gefunden hatte, die gängige Schönheitsbilder hinterfragten und mir Perspektiven auf etwa den »Male Gaze«, also den männlichen Blick auf die Frau als Objekt, eröffneten, und ich damit selbst die Möglichkeit bekam, differenzierter und kritischer auf die Welt und wie sie abgebildet wird, zu schauen. Das war auch etwa die Zeit, in der ich zu überschlagen begann, was ich für den ganzen vollkommen unbrauchbaren Beauty-Mist ausgegeben habe, der mich nicht zufriedener gemacht, sondern ganz im Gegenteil, mir schon morgens bei der Waschroutine entgegenrotzte, was an mir alles zu verbessern war. Das war auch deshalb schmerzhaft, weil bei uns nicht besonders viel Geld im Haus war. Hätte ich die Kohle doch lieber genutzt, um auf eine Reise zu gehen, mir einen Sommer lang jeden Tag ein Eis oder mir ein gebrauchtes Auto zu kaufen – irgendetwas, von dem ich konkret etwas gehabt hätte. Aber mit jeder gekauften Creme befeuerte ich, was ich nicht zu sein versuchte: nicht perfekt. Tja, meine Schuld, oder? Teils ja, ganz bestimmt. Aber zur Wahrheit gehört auch: Mehr Geld zu verschwenden als notwendig, das zieht sich für eine Frau, ob bewusst oder nicht, durch ihr gesamtes Leben. Frauen verdienen im Schnitt weniger als Männer – und müssen im Alltag für Dienstleistungen meist mehr zahlen als sie. Zu diesem Ergebnis kam eine Studie der Antidiskriminierungsstelle des Bundes[35], die Ende 2017 vorgestellt wurde. 381 Dienstleistungen wurden untersucht, bei 59 Prozent gab es unterschiedliche Preise für Männer und Frauen, obwohl die Leistung die gleiche war. Genannt wird das »Gender-Pricing« oder auch »Pink Tax«, weil auch Produkte mit einer pinkfarbenen Verpackung in Drogeriemärkten, die sich an Mädchen und Frauen richten, häufig teurer sind als alle anderen vergleichbaren Produkte. Nur wegen der Verpackungsfarbe und entsprechenden Adressatinnen. Es ist absurd! Und ein verdammt gutes Geschäft. Aber Frauen müssen nicht nur mehr zahlen, sondern kaufen meist auch mehr Schönheitsprodukte als Männer. Die Auswahl ist schließlich riesig. Würden sie also einfach nicht mehr mit ihren Körpern hadern, nicht mehr cremen und an sich klöppeln, sie würden wahrscheinlich einen ganzen Wirtschaftszweig in den Ruin treiben[36], nämlich jenen, der sich an der Diskriminierung von Frauenkörpern bereichert. Schöne Aussichten eigentlich. Oder wie es das sogenannte »Plus-Size-Model« Ashley Graham mal sagte: »Mit sich selbst zufrieden zu sein ist ein revolutionärer Akt.« Genau so ist es, auf mehreren Ebenen.

Leider sind gerade wir Frauen das aber meist nicht. Woher

---

35 ttps://www.antidiskriminierungsstelle.de/SharedDocs/Kurzmeldungen/DE/2017/nl_01_2017/nl_01_aus_der_arbeit_3.html
36 Vgl. Laurie Penny.

kommt's? Immer wieder bekommt man darauf zu hören, wir Frauen seien eben so gestrickt, wir würden eben einfach möglichst schön sein wollen. Und deshalb lasst doch einfach die Mädchen in Ruhe, wenn sie mit elf Jahren schon eine Diät machen wollen, wenn etwas Speck auf den Hüften ist, hinterher ist sie doch auch viel hübscher und passt wieder besser ins Kleidchen! Nun ja, diese »Wahrheiten« können wir natürlich zum Wohle aller, die sich in dieser Haltung aufgehoben fühlen, weiterverbreiten oder zur Not halt weghören, wenn jemand das sagt, denn, haha, so ernst gemeint ist es ja nicht. Nur ein bisschen. Oder wir halten uns an die Realität und überlegen, was diese leisen und lauten Botschaften anrichten, mit denen viele Kinder und junge Menschen aufwachsen. Denn Schönheitsideale tragen wir nicht von Geburt an in uns, sondern sie werden in uns einzementiert. Sie werden geschaffen, aufrechterhalten und befeuert. Ganz entscheidend geschieht das heute auf sozialen Plattformen, aber eben auch durch zahlreiche Boulevardmagazine, die sich an Frauen richten und genau von jenen auch gekauft werden und die sich nichts anderes zur Aufgabe gemacht haben, als wöchentlich Frauen niederzumachen, ihre Körper, ihre Kleidung, ihre Haare – alles an ihnen wird zu einer Baustelle erklärt. Natürlich hat das selbst dann Wirkung, wenn man durchschaut, dass die Bilder nicht die Realität abbilden, sondern vor allem durch eine intensive nachträgliche Bearbeitung entstehen. Wer will schon zu den Bemitleidenswerten der Gesellschaft gehören? Um bei dieser Illusion von Frauen irgendwie mithalten zu können, wird also schön weiter eingekauft – und das nicht nur Cremes, mit denen sich Dellen und Falten wegmassieren lassen sollen, was natürlich kompletter Schwachsinn ist, sondern auch

Wasser mit Anti-Detox-Effekt, um der fahlen Gesichtshaut entgegenzuwirken, oder Vulva-Highlighter, der die Schamlippen schön glänzen lässt, sollte es zum Äußersten kommen. Ein Produkt aus Skandinavien, das 2017 auf den Markt kam und die Schamlippen und Klitoris glänzen lässt, ohne dass sie feucht sein müssen. Außerdem hat das Serum noch eine schillernde Farbe, die unserem langweiligen, stinknormalen Hautton den richtigen Schliff gibt. Wunderbar, nicht wahr? Nun ja, oder man gruselt sich bei dem Gedanken an schillernde Schamlippen, weil da eher Gedanken an einen möglicherweise aus dem Gleichgewicht gekommenen pH-Wert auftauchen, als sich nun sehr viel schöner und begehrenswerter zu fühlen – mir zumindest geht es so. Ich meine, schillernde Schamlippen, haben sich das Betrunkene in einer viel zu langen Nacht ausgedacht? Nicht eine einzige Frau käme mir in den Sinn, die das Zeug freiwillig verwenden würde! Es gibt das Produkt trotzdem, und es kostet nicht mal wenig. Ebenfalls 2017 kamen Glitzerkapseln auf den Markt, die man sich in die Vagina einführen soll, damit der Ausfluss in der Unterhose schön glitzert und nicht mehr so, igitt, natürlich aussieht.[37] Und auch dieser Mist verkauft sich. Das sind Extreme, aber sie zeigen eben eins erneut: Dass es bei Beauty- und Pflegeprodukten oft nicht um uns Frauen, sondern darum geht, wie wir vermeintlich auszusehen haben. So soll der Highlighter zusätzlich etwa auch noch dazu verhelfen, dass die Schamlippen jünger aussehen. Wie oft habe ich mit einem Spiegel zwischen den Beinen und dem Blick auf meine Vulva gedacht: »Wie toll das doch wäre, wenn ich noch einmal die Schamlippen einer 18-Jährigen haben könnte!« Ach

---

37 https://www.prettywomaninc.com/

ja, noch nie! Aber Jugend und Schönheit gehen eben Hand in Hand, wird uns zugeraunt. Und sind auch Teil unseres Kapitals. Uns wird beigebracht, dass Frauen nicht wie Männer altern, nicht wie Weine, die immer besser werden. Nein, Frauen altern wie ein vergessenes Pausenbrot in der Tupperbox, sie werden unansehnlich, trocken und riechen komisch. Der Blick auf Frauen ist also häufig nicht weniger als eine Farce, bei der eines ganz sicher nichts verloren hat: Selbstliebe und eine Body-Positive-Haltung. Also die Haltung, dass Körper in jeder Form und in jedem Zustand schön sind und nicht erst zurechtgedrechselt werden müssen. Die Haltung, dass es nicht sein kann, dass Körpermerkmale, die eine Mehrheit der Frauen aufweist, als Makel gelten. Für Frauen ist das oft immer noch eine Neuigkeit, während die meisten Männer ganz selbstverständlich mit diesem Lebensgefühl durchs Leben gehen – oder um es mit Nina Hagen zu sagen: »Frauen werden Männern niemals ebenbürtig sein, solange sie nicht mit Glatze und Bierbauch die Straße runterlaufen können und immer noch denken, sie seien schön.« Was ja auch ein bisschen gemein ist – nix gegen Glatzen und Bierbäuche. Aber es beschreibt ganz gut die verschiedenen Selbstwahrnehmungsräume. Und zu dem einen bekommen wir erst einen Zugang, wenn es nicht mehr common sense ist, dass dicke Frauen offenbar lustig, aber ganz sicher nicht sexy sind, oder dass Attraktivität durchaus mit schlaffer gewordener oder nicht ebenmäßig glatter Haut im Einklang stehen kann. Und Haare, außer jenen auf dem Kopf, nicht mehr Irritation bis schieres Grauen auslösen. Dass es eigentlich erst einmal Normalzustand ist, dass sie da sind, und nicht, dass sie fehlen, diese Information ist irgendwann im Laufe der Zeit einfach flöten gegangen. Ich weiß noch, wie eine meiner Schulfreundinnen Anfang der Nuller Jahre, also jener Zeit, als selbst Männer nur mit glatt rasierter Brust dem aktuellen Schönheitsideal entsprachen und Frauen ab unterhalb ihrer Augenbrauen nackt wie eine Weinbergschnecke zu sein hatten, beschlossen hatte, sich ihre Schamhaare wachsen zu lassen. Ihr damaliger Freund, der sich daraufhin weigerte, sie oral zu befriedigen, weil er die Haare schlicht nicht ertragen konnte, verbreitete die Nachricht über ihre neue Schambehaarung entsetzt in der Schule. Die Häme, die damals über ihr ausgeschüttet wurde, war krass. Wegen ein paar Haaren! Dabei sah es wunderschön aus, aber auch merkwürdig anders, wie wir unter der Dusche nach dem Sport feststellten. Nicht eine von uns anderen hatte ihren Schambereich jemals mit so vielen Haaren gesehen. Nicht eine. Und das Thema ist ja noch lange nicht durch. Es braucht immer noch verdammt viel Mut, dazu zu stehen, dass wir nicht als Nacktmulche geboren werden, wie sich etwa am Beispiel des schwedischen Models Arvida Byström zeigte, die ihre Beine aus Prinzip nicht rasiert und 2017 für einen Werbespot mit Adidas kooperierte. Unter dem Video liest man viel Hass. Etwa: »Das ist kein Mädchen, das ist ein Affe. Komm schon, rasier diese Scheiße ab.« Oder: »Ekelhaft. Widerliche Frau.« Sie selbst äußerte sich auf Instagram so dazu: »Als nicht behinderte, weiße junge Frau mit einem Cis-Körper kann ich mir gar nicht vorstellen, wie es sein muss, ohne all diese Privilegien in dieser Welt zu existieren.« Sehr wahr, denn die Erfahrungen, die ich als ebenfalls weiße junge Frau in einem Cis-Körper machte, entspricht mit absoluter Sicherheit nicht einmal im Ansatz den Erfahrungen, der Ablehnung und den Selbstzweifeln, die anderen entgegenschlägt.

Und doch lassen sich viele von uns lieber weiterhin seltsam still und manches Mal vielleicht sogar dankbar für die breite Produktpalette, für all unsere »Probleme«, von einer Industrie verarschen, die uns fickbar, aber ganz sicher nicht glücklich machen will. Und ich meine hiermit ganz ausdrücklich nicht, dass jede Frau sofort aufhören sollte, sich zu rasieren, zu schminken und einzucremen – sondern plädiere ganz simpel dafür, sich ganz ehrlich zu fragen, was man warum und für wen macht. Für dich selbst oder weil es dir einfach Freude macht? Super, viel Spaß damit! Du weißt es nicht? Dann lass es doch und leg die Kohle, die du sonst dafür ausgeben würdest, auf einem Konto an, das du plündern kannst, wenn Veränderungen im Leben Geld kosten. Und die gewonnene Zeit in das Hobby, für das du nie Zeit zu haben scheinst – oder einfach nur für eine halbe Stunde mehr Schlaf pro Tag. Ich meine, wie sehr sehnt man sich im Alltag genau danach? Mir geht es jedenfalls so. Wo auch immer man sich in der Debatte verortet, ist es aber doch vor allem allerhöchste Zeit, den Blick auf das, was vermeintlich schön ist, zu verändern, zu weiten – ob Single oder nicht. Nicht nur, um Geld zu sparen, das anders sehr viel besser eingesetzt wäre, sondern um entspannter mit sich selbst zu werden. Um sich selbst lieben, vielleicht wenigstens mögen zu können. Das funktioniert aber nicht, wenn man vor dem Spiegel steht und dabei verächtlicher über sich selbst richtet, als man es mit seinen ärgsten Feinden machen würde. Es funktioniert nicht, wenn man sich permanent selbst kleiner macht, als man ist. Körper sind keine Baustellen, schon gar nicht wegen ein paar Körpermerkmalen, die von der Gesellschaft als mangelhaft bewertet werden. Sie sind auch keine verdammten Tempel, sondern einfach die Hülle, in der wir leben. Und die darf auch mal bröckeln, darf auch mal vernachlässigt werden, ohne dass man gleich panisch eine Religion aus der Wiederherstellung oder dem Abriss machen muss. Diese Hülle kann man auch mal scheiße finden – aber eben nicht, weil sie anderen nicht genügen könnte. Selbsthass ist der zerstörerischste Zustand, in den man sich begeben kann – und einer, der nirgendwo hinführt. Diese Körper bringen uns im Laufe unseres Lebens hunderte Kilometer weit über jede Straße und jeden Berg, diese Körper können vielleicht sogar Menschen entstehen lassen, schließen Wunden, heilen Knochen, wenn sie gebrochen sind – und wir sehen nur Dellen, Haare, kleine Hautrisse, zu viele Kilos. Statt über die nächste Bearbeitung sollten wir also vielleicht über mehr Wertschätzung nachdenken. Denn all diese Sorgen über das Aussehen sind doch nicht mehr als ein schlecht verpacktes Privileg – jede und jeder, die oder der einmal wirklich krank war, weiß das. Und wenn das noch immer zu spirituell, zu kalenderspruchartig sein sollte, dann doch wenigstens aus einer grundsätzlichen Haltung heraus. In mir kommt zumindest die Wut hoch, wenn ich daran denke, wie Mädchen in jungen Jahren sich weiterhin mit dem Gedanken plagen, ob sie genügen, ob sie schön genug sind, um geliebt werden zu können – schön genug, um sich selbst lieben zu können. Ich will, dass Frauen in Zukunft sagen können: »Scheiß auf die Cellulite, ich habe keine Zeit, mich darum zu kümmern, ich strebe schließlich die Weltherrschaft an!« Glücklicherweise wird die Body-Positive-Bewegung immer größer, weil immer mehr Frauen keine Lust mehr haben, wertvolle Energie in den Hass und das Misstrauen sich selbst gegenüber zu stecken, sondern lieber einem System zu misstrauen, das ihnen diese Gefühle vermittelt. Doch auch wenn sich diese Bewegung immer weiter in den Mainstream zu bewegen scheint, ändert es nichts daran, dass wir in einer Zeit leben, in welcher der Perfektionsdruck nicht ab-, sondern zugenommen hat – wir leben in einer Zeit der Extreme. Und das bedeutet auch: Die Diskriminierung von Körpern ist noch immer Alltagsgeschäft. Sichtbarkeit ist enorm wichtig, essenziell sogar. Aber das ändert nur bedingt, was in unseren Köpfen ist. Das zeigt ein simpler Blick auf Instagram, denn auch wenn auf der Plattform selbstbewusste Bilder von Frauen jenseits von Size Zero zwar immer häufiger zu sehen sind, findet man sie fast nic ohne entsprechende Hashtags wie #bodypositive #curvy #selflove. Es muss immer noch erklärt werden, was zu sehen ist. Und viel mehr noch: Dass es okay ist, was gezeigt wird. Eine echte Veränderung wäre es doch erst, wenn diese Bilder, diese Frauenkörper ohne entsprechende Labels einfach gepostet werden könnten, weil es schlicht stinknormal ist. Auch ist eine Body-Positive-Haltung immer noch etwas, das vor allem in einer sozialen Bubble stattfinden kann, in der man nicht allein ist. Meist in der Großstadt, meist feministisch geprägt. Es ist immer noch ein Privileg, seinem Körper liebevoll gegenüberstehen zu können, weil man zusätzlich zur eigenen Überzeugung Menschen um sich herum hat, die das ähnlich sehen. Um das für alle zugänglich zu machen, müssten wir vielleicht noch konsequenter werden und nicht mehr nur weitere Körperbilder als schön deklarieren, sondern uns eventuell vollkommen von der Kategorie »schön« verabschieden. Der bestmögliche Zustand wäre es doch, bei keinem Blick in den Spiegel, bei keinem Kauf von kurzen Hosen und bei keinem See-Besuch mehr darüber nachzudenken, wie das nun für andere aussehen könnte. Sich ganz simpel in das doch immer noch mehrheitlich männlich geprägte Denkmuster zu begeben, sich über derlei Wirkung wenig Sorgen zu machen, oder vielmehr noch, sich sicher sein zu können: Egal, wie etwas an mir aussieht, ich bin fantastisch! Es ändert sich nur dann etwas, wenn eine Bereitschaft besteht, eine andere als die eigene, gelernte Antwort auf Äußerlichkeiten als möglich, als wahr anzuerkennen. Hier geht es um eine Verantwortung, aber auch um eine Chance, die weiter trägt als bis zum eigenen Wohlgefühl. Vielleicht sollte es also weniger um Selbstliebe als um radikale Selbstakzeptanz gehen – und damit auch um radikale Akzeptanz allen anderen gegenüber.

Es geht darum, den Blick nicht nur zu verändern, sondern überhaupt erst einmal einen objektiven Blick zuzulassen, der frei von der Brille ist, die wir irgendwann im Leben in Bezug auf Schönheitsideale und den Stellenwert von Äußerlichkeiten aufgesetzt bekommen haben. Das kann man durchaus trainieren – mit ein wenig mehr Skepsis gegenüber dem, was wir über unsere Körper gelernt haben. Denn Hässliches kommt aus dem Mund, kriecht aus politischen Haltungen, aber zeichnet sich ganz sicher nicht am Körper ab. Schönheit ist so irre vielfältig, wenn man einen bewussten Blick zulässt, der nicht einfach automatisiert die vermeintlichen Makel durchgeht. Und wie kann man je frei sein, wenn man versucht, sich an so etwas Privatem wie dem eigenen Körper oder dem Körper eines anderen mit Normen und Maßregelung, mit Hass und Abscheu abzuarbeiten? Wir sind es nicht, solange es unsere Körper nicht sein können.[38] Und wir sind nicht frei, wenn »Schönheit« zugleich erhöht und eingegrenzt, ja, kapitalisiert wird, um andere, um Frauen zu unterdrücken, zu marginalisieren und zu degradieren. Frauenhass

---

38 Vgl. Margarete Stokowski: Untenrum frei. Rowohlt Verlag, Hamburg 2016.

ist so unfassbar allgegenwärtig, dass man ihn oft nur wie ein leises Rauschen wahrnimmt, als pausenloses Summen im Kopf akzeptiert, weil man noch nie ohne dieses Geräusch gelebt hat. Und das leichteste Ziel ist dabei ihr Körper. Egal, wie schlau eine Frau ist, was sie im Leben bislang geleistet hat – der Reflex, sie verbal über ihren Körper zu erniedrigen, ist ganz fix da. Das geschieht im Privaten, aber ganz besonders bei Frauen, die in der Öffentlichkeit stehen und ihre Meinung äußern. Da heißt es ganz schnell: »Jaja, ist doch egal, was sie sagt: Sie ist hässlich. Sie ist dick.« Oder auch gerne: »Dich will doch niemand ficken.« Als fuckable gesehen zu werden ist also immer noch der höchste Wert einer Frau. Das muss man sich mal bewusst machen – wenn irgendein cis Mann nicht den Drang verspürt, seinen Penis in mich reinzustecken, dann kann er oder können auch andere daraus eine Beschimpfung formulieren, die auch noch jeder versteht! Nicht nur ohne einen Partner an deiner Seite ist dein Leben weniger lebenswert, sondern bereits durch die fehlende (sexuelle) Anerkennung von Männern hast du ein Problem. Und genau deshalb lautet die ewige Botschaft an uns: Kümmere dich darum, dass das nicht passiert. Zwäng dich in das Korsett eines Schönheitsideals, alles andere wird dich einsam, unglücklich und bemitleidenswert machen.

Aber was ist nun mit der Liebe? Gibt es nicht doch eine Verknüpfung von Schönheit, Begehren und der Chance, den einen Menschen für sich zu finden? Wenn ich persönlich eines gelernt habe, dann ist es das: Das Gefühl von romantischer Liebe ist nicht an Körperbilder gekoppelt. Kurzzeitiges Begehren vielleicht, aber was wir warum begehren, ändert sich permanent, wandelt sich, wechselt, ist breiter als das und entspricht so sehr viel mehr als dem, was vermeintlich als schön gilt. Und was man selbst für schön hält. Wer stand noch nie voller Lust und Neugier vor einem Menschen, von dem man sich fragte, warum er oder sie anziehend auf einen wirkt und man sich die Anziehungskraft einfach nicht erklären kann? Ich war jedenfalls noch nie auf der Suche nach bestimmten Beinen oder einem flachen, durchtrainierten Bauch. Außer vielleicht Anfang der Nuller Jahre, als man entweder auf der Suche nach Jonny Depp oder Brad Pitt war. Gefunden habe ich nie jemanden, der ihnen ähnlich sah. Gestört hat das natürlich überhaupt nicht – es ging schließlich um reine Projektion, nicht um echte Anziehung. Denn am Ende war ich eben auch da schon auf der Suche nach diesem kleinen, schwingenden Zwischenton, den man mehr spürt, als ihn zu hören – und danach, in meinem Gegenüber zu erkennen, dass ich das ebenfalls in ihm auslöse. Darum geht es doch. Niemand wird einen anderen je nicht lieben können, nur weil ein Merkmal ihres oder seines Körpers einer wie auch immer gearteten Norm oder einem künstlichen Ideal nicht entspricht. Liebe entsteht durch ausgelöste Sehnsucht – und diese Verbindung zu einem anderen ist doch so viel leichter freizulegen, wenn man auch eine Verbindung, vielleicht sogar eine ganz gute, zu sich selbst hat. Aber viel wichtiger noch: Wenn wir uns weniger um Äußerlichkeiten und so vollkommen unwichtige Dinge wie unsere Cellulite kümmern würden, bliebe wirklich sehr viel mehr Zeit dazu, endlich die Welt zu erobern. Oder eben ganz entspannt Single zu sein oder die romantische Liebe zu suchen, ohne dabei zu denken – bin ich genug?

9.

Sexuelle Freiheit?
Klar, aber bitte
nur innerhalb von Beziehungen!

»Du bist immer noch Single? Aber hast du nicht manchmal auch Bedürfnisse?« Ich schaue meiner Bekannten ins Gesicht und suche nach Anzeichen dafür, dass dieser Satz nicht ernst gemeint ist. Ich finde sie nicht, sie schaut mich ehrlich interessiert an. Also verkneife ich mir einen ironischen Kommentar darüber, wie schrecklich es sei und ich mich des Nächtens wild im Bett winde und meine Beine rhythmisch bewege, damit wenigstens die Schlafanzughose schön im Schritt reibt, um ohne Beziehung nicht sexuell komplett durchzudrehen. Stattdessen versuche ich, ernsthaft zu bleiben. »Klar, aber nur weil ich keine Beziehung habe, heißt das ja nicht, dass ich keinen Sex habe.« Sie wird kurz still und holt dann tief Luft. »Echt jetzt, du stehst auf One-Night-Stands? Das wäre so gar nichts für mich, ich will nicht für jeden Dahergelaufenen verfügbar sein.« Wow, da saßen sich also gerade 1950 und 2014 an einem Tisch gegenüber und versuchten, ein Gespräch zu führen. Zumindest dachte ich das zu dem Zeitpunkt noch. »Dahergelaufen« und »verfügbar« passten nicht zu dem, was ich gerade beschrieben hatte, und überhaupt, wo blieb bei ihrer Idee von One-Night-Stands oder Affären eigentlich die weibliche Lust? Die sitzt traurig in der Ecke, weil sie abermals an Beziehungen festgekettet wurde, in denen sie sich, und allein in ihnen, entfalten darf. Als Single hat man also Sendepause. Statt Erotikstreifen gibt's trocken Brot und sexy Gedanken, die in der Luft verpuffen müssen. Ach, die sich doch überhaupt nur nach ganz bestimmten Kriterien entfalten dürfen, schließlich ist die Realität der weiblichen Lust für einige immer noch die pure Überraschung. Aber dann soll sie doch bitte wenigstens noch innerhalb gewisser Regeln ablaufen. Nicht zu viel, nicht zu wenig, der Grat zwischen Hure und frigidem Trockenobst ist immer noch extrem schmal – genau in diesen herablassenden Zuschreibungen läuft die Wertung weiblicher Sexualität ja noch immer ab. Sobald Frauen im Kontext von Sex verhandelt werden, entsteht ein Wertungsreflex, der sich meist in einem zu viel und einem zu wenig ausdrückt – und genau das hält die weibliche Sexualität, aber auch Frauen allgemein, vor allem gesellschaftlich in Schach. Es macht so müde, denn haben wir den Keuschheitsgürtel nicht längst abgelegt, ja, zum Kuriosum erklärt und die Diskussion über gleichberechtigte Lust nicht längst erledigt? Spätestens mit der Antibabypille und der sexuellen Revolution der 70er sollte dem Sex doch das Kleinbürgerliche genommen sein und kam doch die Freiheit, als wir selbst die Kontrolle über eine Schwangerschaft übernommen haben. Übrigens interessanterweise tatsächlich mittlerweile fast komplett übernommen haben, da sich Männer immer mehr aus der Verantwortung für die Verhütung herausziehen[39] – Sex ja, aber die Verwaltung des ungestörten Vorgangs übernimmt bitte jemand anderes. Was wiederum zu einem weiteren Problem führt, denn genau dieser Stress, allein mit der Verantwortung zu sein, ist nicht nur wegen sexuell übertragbarer Krankheiten kompletter Irrsinn, sondern führt für viele Frauen auch zu weniger Lust, für die das Gehirn maßgeblich mitverantwortlich ist – und das ist dann eben mit ziemlich unerotischen Dingen beschäftigt. Davon mal abgesehen sollten wir uns als Gesellschaft doch mittlerweile eigentlich einig sein, dass Frauen heute, wir alle, Sex haben dürfen, wann und mit wem wir wollen, so oft und so wenig wir möchten. Oder nicht? Ich dachte zumindest, das ist die Ausgangslage für mein sexuelles Leben als Mitte der 80er Jahre geborene Frau und noch viel mehr, für alle danach Geborenen. Aber nur ein paar Wochen nach meinem Treffen mit besagter Freundin wurde klar: Wir brauchen offensichtlich eine neue sexuelle Revolution. Denn kurz darauf entspann sich auch noch ein Gespräch mit einer Praktikantin darüber, ob man beim ersten Date schon Sex haben dürfe. Während ich auch das abermals erst für einen Scherz hielt, erklärte sie, Anfang 20, dass das ein heiß diskutiertes Thema unter ihren Freundinnen sei, nicht viele würden glauben, das sei in Ordnung. »Wer sich gleich hergibt, wird doch nicht ernst genommen.« Es ist erstaunlich, wie auch hier wieder über einvernehmlichen Sex gesprochen wird, wenn es um die Rolle der Frau geht. »Sich hergeben«, was soll das bedeuten? Der Mann nimmt, und die Frau gibt. Dabei kann man doch sehr bei sich sein, sollte sogar bei sich sein, um Sex zu haben. Wenn schon, dann vielleicht »sich

---

39 https://www.tandfonline.com/doi/full/10.1080/00224499.2017.1311834

hingeben«. Für mich klang ihre Art, über Sex zu sprechen, eher nach einem Synonym für Sex, den ich nicht haben will. Verdammt schlechten, verdammt einseitigen Sex. Aber düster ist eben auch diese Vorstellung davon, nicht ernst zu nehmen zu sein, wenn man sich als Frau bereits beim ersten Date so angezogen von jemandem fühlt, dass man Lust auf Sex hat. Wenn Frauen Sex haben, verlieren sie offensichtlich noch immer schnell das Gesicht, ob mit einem in der falschen Situation oder mit mehreren Sexpartnern, egal in welchem Kontext. Während der Mann der Eroberer ist, ist die Frau eben weiterhin die Eroberte. Sex steht immer in allernächster Nähe von Macht – wie viel haben wir davon, wenn wir mal ganz ehrlich sind, schon übernommen? Ich komme angesichts dieser Gespräche nicht auf die Hälfte, die uns eigentlich zustehen würde – zumindest im großen gesellschaftlichen Kontext. Und viel wichtiger: Wie viel Selbstermächtigung erleben Frauen in ihrem Sexleben? Ich erzählte die Situation erstaunt einer Single-Freundin, dass es doch nicht sein könne, dass selbst so viel jüngere Frauen sich noch mit diesen Themen befassen müssen. Im verdammten 21. Jahrhundert! Es machte mich so unfassbar wütend, auch wenn mir schon damals klar war, dass es naiv ist, davon auszugehen, dass Rollenveränderungen und Machtverschiebungen zwischen den Geschlechtern lineare Prozesse sind. Aber die Hoffnung stirbt bekanntlich zuletzt. Sie lachte kurz und sagte dann, dass ihr das zwar auch schräg vorkäme, sie aber andererseits irgendwann aufgehört hat, Auskunft über die Anzahl ihrer bisherigen Sexpartner zu geben – weder an Mann noch an Frau. Die Zahl scheint den meisten recht hoch, und sie habe zu oft als Reaktion darauf Slut-Shaming erlebt, also der Versuch sie anzugreifen, sie zu beschämen, weil sie ihre Sexualität genießt, nach ihren Regeln auslebt.

Scham und Beschämung sind ein riesiger Bestandteil im Kosmos der weiblichen Sexualität. Bestandteil von dem, was den Umgang mit dem eigenen Begehren prägt. Und das, obwohl wir doch vermeintlich längst sexuelle Freiheit leben. Uns Sex ständig umgibt. Und Frauen heute doch öffentlich eigentlich das Gegenbild zu dem prägen, von dem meine Bekannten erzählten. Ganz besonders popkulturell: Hier gehört starke, selbstbewusste Sexualität mittlerweile zum festen Repertoire – von Sängerin Miley Cyrus bis zur Serienfigur Jessica Jones. Und zeitgleich ist »ungefickt« nach wie vor ein Schimpfwort, das Frauen immer wieder zu hören bekommen, wenn sie und ihr Handeln unbequem auf andere wirken. Selbst Kinder werden, diese Angst geht in einigen konservativeren Kreisen um, heute viel zu früh mit Sexualität konfrontiert. Ja, gar frühsexualisiert, wenn auch Kinderbücher sich immer mehr und immer deutlicher mit der Vielfältigkeit des Lebens und des Liebens beschäftigen. Später dann all die Pornos, Sex in der Werbung, Sex in Filmen, Sex, überall Sex. Wie geht das zusammen? Die Antwort darauf liegt darin, zu betrachten, was für ein Sex das ist, der uns umgibt. Auf was für ein Sexleben werden junge Menschen da aufmerksam gemacht und vorbereitet, insbesondere Frauen, die ihr Pendant in der Regel in dieser Darstellung von Sexualität objektifiziert oder gar gedemütigt erleben? Die in Mainstream-Pornos, fernab von nischigen Fem-Porn-Produzentinnen wie Erika Lust, als reine Statistinnen für die sexuelle Fantasie eines anderen herhalten? Was wählen Frauen dann, wenn sie sich nehmen, »was sie wollen«? Sex zu haben bedeutet für viele Frauen auch heute nicht selten, während dem Sex zurückzustecken, ihn mehr für jemanden als für sich selbst zu haben. Ja, zu performen, weil das vermeintlich mehr sexy ist, als einzufordern.[40] Nicht im Sinne davon, dass man selbst keine Lust auf Sex hätte oder nicht auch Lust dabei empfindet, sondern dass es okay scheint, selbst nicht gänzlich zum Zuge zu kommen. Es geht um die männliche Lust und den männlichen Blick, um die Idee, etwas erfüllen zu müssen. Den anderen zu befriedigen überwiegt oft noch mehr als die Konzentration darauf, was Frauen selbst im Bett möchten oder die gleichberechtigte Lust. Es geht oft darum, lustvoll für den anderen zu sein, der Erregung aus der Performance und nicht aus der echten Lust des anderen zieht. Aber ist das denn so schlimm? Hat Sex für Frauen den gleichen Stellenwert wie für Männer, tragen sie wirklich ebenso viel Lust in sich? Nun, das lässt sich schwer beantworten, wenn die Lust der Frau auch durch Binsenweisheiten so klein gehalten wird, dass Frauen per se schwer oder gar nicht zum Orgasmus kommen können. Und wenn das so ist, warum dann nicht Orgasmen vortäuschen, statt sie zu haben, statt sie vielleicht sogar einzufordern, während der Orgasmus des Mannes der natürliche Höhepunkt beim Sex ist?

Oder noch absurder, manchmal kommt es gar dazu, einen Orgasmus fast abzulehnen, wenn man die Chance auf einen hätte: Eine Umfrage zum Thema orale Befriedigung in meinem weiblichen, heterosexuellen Bekanntenkreis ergab, dass einige Frauen das nicht so lange genießen können, bis sie wirklich kommen, weil sie das Gefühl haben, sie bräuchten

---

40 Vgl. Sandra Konrad, Das beherrschte Geschlecht: Warum sie will, was er will. Piper Verlag, München 2017.

zu lange. Die Freundlichkeit, geleckt zu werden, bloß nicht überstrapazieren! Nicht, dass der andere den Spaß verliert. Selbst schuld, wenn ich so lange brauche. Woher kommt es, dass wir das nicht längst abgeschüttelt haben? Dass unsere Lust, in der nicht nur Gefühl, sondern auch so viel Stärke und Energie steckt, nicht so wichtig ist? Wieso ist es noch immer so selbstverständlich, uns zu bewerten, auch oder gerade dann, wenn wir unsere Sexualität selbstbestimmt leben. Ganz besonders, wenn wir nicht in einer Beziehung leben, aber eben verdammt noch mal trotzdem ein Sexleben haben möchten?

Vielleicht fängt es ganz am Anfang an, noch bevor der Sex überhaupt beginnt. Nämlich bei unseren Körpern. »Die Scham« ist ja nicht nur ein Synonym für unsere Vulva und Vagina, die Scham sitzt vielen auch im Nacken, in den Händen, im Mund. Denn genau so beschämt, wie es benannt ist, sieht der Umgang damit häufig noch aus. Während viele cis Männer auf ihren Penis ebenso stolz sind wie auf ihr erstes cis Kind oder einen Salto vom Dreier im Freibad, haben viele Frauen ein Problem mit ihrer Vulva. Ein Problem mit ihrem Aussehen. Ein Problem, das Wort überhaupt gänzlich ohne Scham auszusprechen. Ein Problem mit ihrem Handling. Ein Problem, dass sie gesehen wird. Und das ist dann wiederum ein großes Problem, wenn man Spaß im Bett haben oder sexuell frei leben will. Wie soll, wie muss sie aussehen? Kann das jemand schön finden? Was fange ich damit überhaupt an? Mit diesem Irrsinnsbau aus Fleisch da unten, diesen faltigen Lippen, die übereinanderliegen wie schmuddelig aufgeschlagene Bettlaken? Ob man das schön finden kann oder muss, davon hatte ich lange keine Ahnung. Und eigentlich auch keine Probleme damit, schließlich sah ich in Penissen nun auch nicht gerade das gnadenlos gelungene Architektur-werk Gottes. Die waren eben so, wie sie sind, genauso wie meine Vulva. Und doch kann ich mich an den erleuchtenden und auch auf eigenartige Weise erleichternden Moment erinnern, als ich während meiner Studienzeit in einem Buchladen schmökerte und auf »The Big Book of Pussy« stieß. Peinlicher berührt, als ich heute eigentlich zugeben möchte, blätterte ich das Buch im Laden auf, vergaß dann aber ziemlich schnell alles um mich herum. Vor mir taten sich neue Welten auf! Scheidenwelten, in Hülle und Fülle. Ich hatte, und das mag lustig klingen, keine verdammte Ahnung. Ich hatte keine Ahnung, wie vielfältig Vulven aussehen können, wie unterschiedlich, wie eigenartig und schön und wild. Ich hatte keine Ahnung, dass es da nicht eine bestimmte »Norm« gibt, auch wenn mein Verstand das vorher schon hätte für mich abhaken können. Es war wirklich nicht weniger als extrem befreiend. Und das ist dann wiederum gar nicht lustig, denn ich war schließlich schon eine erwachsene Frau, noch dazu eine, die sich als alles andere als prüde bezeichnen würde. Wieso war ich also nicht schon längst, ja, immer befreit mit dem gewesen, was so viel Freude bereiten kann? Was einfach zu mir gehört! Mit was ich befreit leben muss, wenn ich als Frau überhaupt befreit leben will? Weil ich, und das dämmerte mir langsam, eigentlich nicht viel darüber wusste – weder über das Aussehen noch über die Anatomie. Auch ich war lange dem Glauben erlegen, dass meine Klitoris eine erbsengroße Perle zwischen meinen Schamlippen ist, und fertig. Was für eine Überraschung, als klar wurde, dass sie auch noch »Arme« und Schwellkörper hat, genau so wie ein Penis. Auch ich glaubte, dass es einen Unterschied zwischen klitoralem und vaginalem Orgasmus gibt. Tja, dabei funktioniert das einfach alles über die Klitoris, deren Spitze wie die eines Eisberges zwischen den Schamlippen hervorschaut, mit ihren »Armen« aber die Vagina umfasst und erst bei näherer Auseinandersetzung preisgibt, dass sie die ganze Kirmes betreibt! Auch ich dachte, dass ein Vorspiel eher nice to have und eine romantische Angelegenheit ist, als dass ich mir klarmachte, dass man besser erst die Tür öffnet, bevor man hindurchgeht. Auch weil ich viel zu lange keine wirkliche Ahnung davon hatte, was wie bearbeitet werden muss, um einen Orgasmus zu bekommen, oder gleich mehrere. Als ich das dann irgendwann entdeckte, verstand ich, warum pubertierende Jungs so einen ausdauernden Eifer haben, wenn es darum geht, mit ihrem Penis zu spielen. Das war kein »Jungsding«. Sie kamen eben einfach nur früher in den Genuss der Bedienungsanleitung ihres körpereigenen Spielzeugs! Aber nicht nur das, ich konnte auch endlich mit meinen Partnern darüber reden, was genau sich für mich gut anfühlt. Und auch ich glaubte als junges Mädchen, dass ich mit dem ersten Sex etwas verliere, nämlich meine »Jungfräulichkeit«, die es zu beschützen galt, bis »der Richtige« kommt. Statt das Wissen zuzulassen, dass ich dabei etwas gewinne: Meine Sexualität zu leben, wenn ich dazu bereit bin, und nicht »weil da jemand ist, dem ich das schenken möchte« – nein, weil ich mir selbst ein Geschenk mache! Ebenso wusste ich lange Zeit meines bisherigen Lebens nichts darüber, dass eine cis Frau beim ersten Sex nicht immer blutet, dass das Hymen nicht unbedingt reißt, sondern sich dehnen kann und dass ein intaktes Hymen kein Zeichen für »noch nie Sex gehabt« ist. Woher auch. Entweder wurden mir in jungen Jahren falsche Informationen gegeben oder nicht ausreichende. Der Aufklärungsunterricht, an den ich mich erinnere, hatte viel mit Ausfüllblättern zu tun, auf denen man neben aufgemalten, abstrahierten Männchen und Weibchen (für die Vulva reichte ein Dreieck) die richtige Bezeichnung für Körperteile einfügen musste. Und ich erinnere mich an Sätze wie: »Und dann ejakuliert der Mann, der Samen kommt heraus und befruchtet mit etwas Glück eine Eizelle. So wird man schwanger.« Ja, Halleluja, verdammt noch mal! Dass der Mann irgendwann einen Orgasmus haben sollte, das hatten wir also damals schon gelernt. Was mit der Frau ist? Ja, nichts natürlich. Denn die weibliche Lust war für den Unterricht, der weniger die Sexualität als Lust und Trieb, sondern allein die Fortpflanzung behandelte, nicht wesentlich – was nicht nur auf persönlicher, sondern auch auf gesellschaftlicher Ebene extrem schwierig ist. Es blieben also viele wichtige Leerstellen, die sich auch später erst einmal nicht wirklich schlossen. In Frauenmagazinen, die ich irgendwann zu lesen begann, ging es dann um Sexstellungen, die »ihn« verrückt machen, und um Blow- und Handjobs, mit denen »er« mich nie wieder vergisst. Wie ich mir selbst einen Handjob gebe, damit ich mich mal so richtig in mich selbst verknalle? Fehlanzeige. Selbst YouPorn gab es damals noch nicht. Vielleicht glücklicherweise, wer weiß. Denn auch dieses Angebot gibt nicht nur Antworten an die Hand, sondern wirft viele weitere Fragen auf, die vor allem für Jugendliche unbeantwortet bleiben. Und doch hätte ich mir damals mehr gewünscht als die stilisierten, gezeichneten Menschlein oder bescheuerte Dr. Sommer-Antworten in der BRAVO. Aber die wenigen Pornos, die damals noch auf unbeschrifteten VHS-Kassetten kursierten, kamen nie bei mir an. Wäre auch egal gewesen, wir hatten keinen Videorekorder, und den Mumm, sie zu Hause anzusehen, hätte ich ganz sicher nicht gehabt.

Auch die Aufklärungsbücher, von denen ich eines besaß und die ab einem gewissen Alter die Runde im Freundeskreis machten, waren so öde, dass nicht viel mehr zu erfahren war. Brachland, Aufklärung. Neuland, Körper. Und daran scheint sich nicht viel geändert zu haben, wie ich kürzlich von einer 16-Jährigen erfuhr, die ich zu ihrem Aufklärungsunterricht befragte. Scham und fehlende Informationen sind auch heute noch ein Problem. Aber noch viel mehr überraschte mich, dass sie erzählte, dass sie erst seit Kurzem wisse, was während der Menstruation in ihrem Körper passiert und wie ein Monatszyklus tatsächlich abläuft, dabei habe sie schon seit vier Jahren ihre Periode. Aber wen wundert selbst das fehlende Wissen darüber, wenn die Periode ebenfalls noch immer ein Schamthema ist, das oft benannt wird, als sei man gerade auf einem Drogentrip: »Besuch der roten Tante«, »auf der roten Welle surfen«, »Erdbeerwoche haben«. Wen wundert das mangelnde Gespräch, wenn selbst Tampons oder Binden zu kaufen eine Mutprobe für junge Mädchen ist, obwohl sie dabei einfach nur in der Öffentlichkeit damit umgehen müssen, dass sie nicht mehr als einen vollkommen normalen Körper haben, der eben einmal im Monat blutet? Obendrein war sie noch etwas traumatisiert von einem Geburtsvideo auf YouTube, das ihr und ihrer Klasse weitestgehend kommentarlos in der Schule vorgespielt worden ist. Kinder bekommen käme jetzt jedenfalls für sie nicht mehr infrage. Angst statt Auseinandersetzung, auch eine Taktik. Aber man kann Mädchen auch anders Unsicherheiten mit dem Thema Sex und dem eigenen Körper angedeihen lassen, wie eine Schule in Niederbayern im Jahr 2018 eindrücklich vorführte. Denn dort wird den Mädchen die Objektifizierung ihrer Körper eindrücklich am lebenden Beispiel gezeigt:

Sie müssen große, von der Schule gestellte T-Shirts anziehen, wenn ihre Kleidung als zu knapp und aufreizend bewertet wird. Oder um es in den Worten des Rektors zu sagen: Verhüllt werden soll »alles, was anstößig und nicht ästhetisch ist«[41]. Das ist nichts weniger als die Tabuisierung des weiblichen Körpers aufgrund seiner Sexualisierung durch andere. Wie könnte man unter diesen Vorzeichen ein entspanntes Verhältnis zu sich selbst und der eigenen Sexualität entwickeln? Ein anderes »schönes« Beispiel dafür ist auch die Zensur, die weibliche Brustwarzen auf Social-Media-Plattformen wie Facebook oder Instagram[42] erfahren. Sie dürfen dort im Gegensatz zu männlichen Brustwarzen nicht gezeigt werden. Es sind Brustwarzen, die sich in nichts unterscheiden, außer dass sie unterschiedlichen Geschlechtern zugeordnet werden. So frei, so aufgeklärt sind wir. Wo war nun noch einmal die sexuelle Revolution? Auch machte auf Twitter einmal der Screenshot eines Aufklärungsbuches aus dem Cornelsen Verlag[43] für Fünftklässer die Runde, das in Bayern verwendet wird und bei dem sich für den Abschnitt »Körper« unter anderem mit Gemüse und Obst beholfen wurde. Seltsam verklemmt wurden aus Penissen also Maiskolben, Rettich oder Zucchini und aus Brüsten Kokosnüsse, Mandarinen oder Birnen. Wäre es nicht sinnvoller, die Kinder mit echten Penissen zu konfrontieren, die sie sowieso kennen, weil sie selbst einen besitzen oder sicherlich schon mal im

---

41 Osterhofener Zeitung, Juli, 2018: https://www.pnp.de/lokales/landkreis_deggendorf/osterhofen/?em_cnt=2996795

42 Gemeinschaftsrichtlinien Instagram: https://help.instagram.com/477434105621119/

43 https://www.schwaebische.de/sueden/bayern_artikel,-bayern-kl%C3%A4rt-schulkinder-mit-obst-und-gem%C3%BCse-auf-_arid,10744932.html

Schwimmbad gesehen haben, als ihnen mit Maiskolben Alb-träume von gelbverfärbten, hubbeligen Penissen zu machen? Und Kokosnüsse nicht als Brüste zu verkaufen? Wieso können nicht einfach kindgerechte Bilder von echten Körpern gezeigt werden? Sie kennen ihre Körper doch. Und viele kennen sicherlich auch die Körper ihrer Eltern, also wie er sich im Erwachsenenalter weiterentwickelt. Erleichtert man damit die Kinder, oder geht es nicht doch eher um die eigene Peinlichkeit? Und in der Schweiz hat eine konservative Stiftung im Jahr 2018 Lehrmaterial zur Aufklärung von Zehn- bis Dreizehnjährigen beworben, bei dem einfach die Klitoris weggelassen wurde.[44] Was verspricht man sich davon? Statt Frühsexualisierung wartet so doch vor allem Unsicher- bis Ahnungslosigkeit. Oder »Frühsexualisierung« mit Unsicherheit, und das ist mindestens genauso fatal, wenn nicht noch mehr. Denn wenn wir wissen, dass schon Teenager derart mit Sex konfrontiert werden, wie es heute eben der Fall ist, kann man nicht einfach weiterschweigen und sie damit alleinlassen. Man kann nicht einfach so tun, als bekämen sie mit der freien Verfügbarkeit von Pornos nicht nur Bilder, sondern auch echtes Wissen über oder Empathie für die eigene Sexualität an die Hand. Es wirkt fast so, dass, je zugänglicher Sex theoretisch ist, umso wehrhafter, ja fast prüder wir dem Thema gegenüber werden. Oder die Allgegenwertigkeit von Sex ist einfach zum Irrlicht geworden, weil sich niemand mehr traut, Fragen zu stellen, auf die man scheinbar schon die Antwort wissen müsste. Und das sind wirklich keine guten Voraussetzungen, um junge Menschen in ihre Pubertät

---

44 Julia Hummer: Kampf um die Klitoris, *taz*, November 2018: https://www.taz.de/Archiv-Suche/!5550546&s=klitoris/

zu schicken. Denn Sex haben werden sie auf jeden Fall. Aber was für Sex sie haben, das ist die Frage. Ganz besonders junge Frauen. Und hier spreche ich noch nicht einmal von krampfhaft nachgebauten Pornoszenen oder der dank Antibabypille verhunzten Libido – die mehr Kontrolle bezüglich Schwangerschaften, aber dafür auch ein Leben in der Dumpfheit unserer Sexualität verspricht. Denn die Pille ist: ein Hormoncocktail mit vielen möglichen Nebenwirkungen, und das ist noch eine der harmloseren. Nein, es ist mehr. Für viele junge Frauen heißt das nämlich, miese Erfahrungen, keine Orgasmen, manchmal sogar Schmerzen. Auch davon erzählte mir eine Freundin. Ihr Start ins Sexleben habe so begonnen, dass sie immer Schmerzen beim Sex hatte, manchmal solche Schmerzen, dass sie weinen musste, sich zusammenreißen musste, um es irgendwie durchzuziehen. Und das nicht, weil ihr Freund schlecht mit ihr umging oder sie grundsätzlich keinen Sex wollte. Sie war schlicht nicht feucht. Sie war nicht erregt genug, wenn er in sie eindrang. Und sie wusste nicht, dass das das Problem war. Er im Übrigen auch nicht. Sie waren jung und unbeholfen, aber für sie wurde das zu einer Tortur. Spaß an Sex haben zu können wurde für sie zum Mythos, und es festigte sich die Vorstellung, dass guter, lustvoller, geiler Sex Männern vorbehalten ist. Und Frauen da eben aus Nettigkeit mitziehen. Eine andere Frau berichtete im Jahr 2017 bei *Zeit Campus* ähnlich über ihre ersten sexuellen Erfahrungen: »Es hat wehgetan, aber ich habe nichts gesagt und gedacht, na ja, vielleicht ist es bald vorbei. Ich glaube, ich hatte Angst, diesen romantischen Moment zu zerstören. Ich hatte viele Jahre Schmerzen während des Penetrationssexes mit Männern. Oft habe ich mich emotional richtig schlecht dabei gefühlt, manchmal habe ich danach angefangen zu weinen oder habe Zuckungen bekommen.«[45] Das sind keine Ausnahmen, wie eine amerikanische Studie[46] ergab, die zum Ergebnis hatte, dass 30 Prozent der befragten Frauen Schmerzen beim Sex haben, das aber kein Grund ist, keinen Sex zu haben. Wie kommen wir zu diesem Hinarbeiten auf den männlichen Orgasmus, ohne Rücksicht auf Verluste? Es ist das Sprechtabu, und es sind die Erwartungen, die viele Frauen, aber natürlich auch Männer, glauben beim Sex erfüllen zu müssen. Und das nicht nur in Beziehungen, sondern selbst bei flüchtigen Bekanntschaften. Hätten den Frauen, die schmerzhafte Sex-Erfahrungen hatten, Gespräche mit anderen, mit Freundinnen oder mit älteren Frauen geholfen? Ganz sicher, aber hier kommt wieder die Scham ins Spiel. Solche Erfahrungen sind aber auch das Ergebnis von einem unzureichenden, sich rein auf oberflächlicher, biologischer Ebene abspielenden Aufklärungsunterricht und einem Mangel an unverkrampftem Gespräch vom Familien- und Freundeskreis bis hin zur gesellschaftlichen Ebene. Denn ein gesundes Verhältnis zu Sexualität und dem eigenen Körper, aber auch das Bewusstsein, sich selbst in seinen Bedürfnissen ernst zu nehmen, braucht nicht nur Selbstbewusstsein im wortwörtlichen Sinne, sondern auch ein gewisses Maß an Wissen, das über den reinen Fortpflanzungsgedanken hinausgeht. Aber die Erfahrungen hängen eben auch damit zusammen, dass Sex trotz seiner ganzen Allgegenwärtigkeit immer noch ein Schamthema und die weibliche Sexualität noch nicht die

45 https://www.zeit.de/campus/2017-12/sex-nein-sagen-frauen-protokolle/
   seite-3
46 https://www.ncbi.nlm.nih.gov/pubmed/25648245

gleiche Bedeutung hat wie die männliche. Ob als Single oder in einer Beziehung.

Doch sprechen wir nicht längst viel offener und schamloser über Sex? Ja und nein. Denn ja, es scheint ganz so, als werde etwa in manchen Medien mehr über Sex fernab von Statistiken und dem letzten schlüpfrigen One-Night-Stand-Bericht geschrieben und weiblicher Lust ein größerer Stellenwert in der Auseinandersetzung mit Sexualität eingeräumt. Aber zu diesen medialen Auseinandersetzungen hat nicht jeder Mensch einen Zugang – und eine vulgäre Sprache, die möglicherweise unter jungen Menschen zugenommen hat, hat noch nichts mit einem offenen Gespräch über Sexualität zu tun noch zeugt sie von mehr Wissen über Sex. Zudem: Scrollt man sich etwa durch die Feeds von Social-Media-Plattformen findet man bei geposteten Artikeln zur Vulva, zur Vagina oder über weibliche Sexualität schnell viele Kommentare dazu, warum man um Gottes willen denn darüber jetzt auch noch reden müsse. Man wisse doch, wie es läuft und um was es geht. Und nein, es muss natürlich niemand darüber reden. Aber es hilft, gerade Menschen, die noch nicht viel über ihren eigenen Körper wissen. Das überwinden? Wo kämen wir da hin, Sex ist privat! Unter Artikeln zu Nieren oder Kniescheiben findet man solche Kommentare nämlich nicht. Körper- und medizinisches Wissen, das gehört mit zu den beliebtesten, populärsten Themen unserer Zeit, ein Buch über den Darm schafft es monatelang auf die *Spiegel*-Bestsellerliste, aber, Himmel hilf, Vaginas? Oder (schlechter) Sex? Das funktioniert vor allem auf fiktionaler Ebene, wenn man sich das Ganze aus schön distanzierter Perspektive anschauen und kommentieren kann. Und das sind keine Übermüdungserscheinungen, das liegt nicht daran, dass wir vom Thema übersättigt sind, wir werden schließlich auch nicht müde, über die besten Laufschuhe oder über Kindererziehung zu sprechen, nein, es ist einfach noch immer unangenehm. Und ja, über Sex und Intimes zu reden kann unangenehm sein, und dennoch müssen wir uns diesen Unterhaltungen sehr viel besser stellen. Klar, emphatisch und altersgerecht, statt giggelnd, überzogen oder empört.

Alles andere ist riskant, wie etwa auch die Debatte um den Hashtag #MeToo zeigte, die sich nach den öffentlich gemachten Missbräuchen durch Hollywoodproduzent Harvey Weinstein im Jahr 2017 entspann, und in der sehr schnell nicht mehr nur sexualisierte Übergriffe, sondern auch das Thema konsensuale Annäherung und konsensualer Sex diskutiert wurde. In Deutschland wurde der wichtige Dialog darüber leider sehr schnell ins Lächerliche oder ins Kleinklein verschoben, denn hier drehte es sich schnell nur noch um ein mögliches Flirtverbot, das nie jemand gefordert hatte, und um die falsche Kommunikation von Frauen. »Wann ist ein Nein ein Nein?« Oder: »Warum sagt sie es nicht einfach, wenn sie etwas nicht will? Ist doch ganz einfach!« Dass es das offensichtlich nicht für jede Frau, nicht für jeden Menschen ist, schon gar nicht in einer Situation, die ein Machtgefälle hat, das sich nicht nur im Offensichtlichen, sondern auch im Emotionalen und situativ ergeben kann, zeigte die monatelange Diskussion – ernst genommen wurde das jedoch kaum. Zudem blendet die Haltung, dass Frauen sich in diesem Kontext eben besser ausdrücken und klarmachen müssten – was durchaus infrage zu stellen ist –, aus, dass zu einer (missglückten) Kommunikationssituation immer zwei gehören. Aber so lassen sich Verantwortungen eben bequem von sich wegschieben. Davon abgesehen, dass die Debatte über #MeToo insgesamt also leider mehrheitlich nicht konstruktiv und ernsthaft geführt wurde und wird, stellte sich hinsichtlich des kommunikativen Aspekts dabei für mich oft die Frage: Warum ist selbst das Sprechen über Konsens beim Flirt oder gar beim Sex so missverständlich? Wieso ist selbst das Definieren dessen, was noch »schlechter« Sex und was schon darüber hinausgeht, so schwer? Und hier sind wir ganz schnell wieder bei den unterschiedlichen (Lebens-)Erfahrungen zwischen den Geschlechtern, aber auch den vielen Leerstellen und Tabus, die dem Thema Sex immer noch anhaften. Wenn man sich etwa die amerikanische Studie[47] betrachtet, die ich schon in Bezug auf die Schmerzen beim Sex angesprochen habe, die aber auch die Definition von Frauen und Männern hinsichtlich von »schlechtem Sex« erfragte, erfährt man Folgendes: »Schlechter Sex« definiert sich für Frauen bis hin zu wirklich schlimmen mentalen Erfahrungen und starken Schmerzen, während er sich für Männer in einem fehlenden Orgasmus oder mangelnder Mitarbeit der Sexpartnerin zeigt. Wie sollen wir also je auf einen Nenner kommen, wenn wir über schlechten Sex sprechen und darüber, wie relevant, also wie ernst zu nehmend diese Erfahrungen sind? Doch es muss nicht mal um den Extremfall gehen, denn auch das brachte die Debatte an die Oberfläche, die nach der Veröffentlichung der Kurzgeschichte »Cat Person« 2017 im *New Yorker*, in den USA und in Deutschland begann. Die Geschichte handelt von einer jungen Frau, die Sex mit

---

47 Pain experienced during vaginal and anal intercourse with other-sex partners: findings from a nationally representative probability study in the United States. https://www.ncbi.nlm.nih.gov/pubmed/25648245

einem Mann hat, sich dabei aber irgendwann unwohl fühlt, jedoch nicht weiß, wie sie da wieder rauskommen soll. Ihr kommt kein Nein über die Lippen, weil sie Angst hat, ihn vor den Kopf zu stoßen. Weil es sich für sie falsch anfühlt, nun aus etwas auszusteigen, das sie zuvor mit angeleiert hat. Die fiktionale Geschichte bekam extrem viel Aufmerksamkeit und zeigte einmal mehr: Eine Vielzahl an Frauen hat auch im realen Leben Situationen erlebt, in denen sie sich rückblickend fragen: War das wirklich okay? War ich wirklich damit einverstanden, was da passierte? Und manchmal lautet dann die Antwort: Eigentlich nicht. War das dann automatisch Missbrauch? Nicht unbedingt, und dennoch ist doch die Frage, ob wir angesichts dieser Unsicherheit von sexueller Selbstbestimmung sprechen können? Denn die kann es eben nur dann geben, wenn es Grenzen gibt, die jeder für sich klar benennen und einhalten kann. Und auch da muss die Aufklärung in Schulen und zu Hause, die ebenfalls ihre Grenzen hat, das ist ganz klar, ansetzen. Sie muss über den Biologieunterricht hinaus auch in anderen Fächern besprochen und auch auf zwischenmenschlicher Ebene verhandelt werden. Sie darf auch im Alltag nicht RTL2 und YouPorn überlassen werden, und es reicht nicht, jungen Menschen, jungen Frauen einfach mit auf den Weg zu geben: »Guter Sex ist, wenn beide sich dabei wohl fühlen«, sondern es muss auch vermittelt werden, was das bedeutet. Sex und jede Situation, die sich um Sex entspinnt, ist so viel komplexer, als wir es dem Thema meist zugestehen. Und ein Nein ist manchmal selbst dann schwer auszusprechen, wenn es sich innerlich schon formiert hat oder sich ankündigt – ganz einfach, weil es nicht nur eindeutige Situationen und Gefühle gibt –, und weil es für ein lautes Nein mehr Selbstbewusstsein braucht als für ein Ja. Gerade für Frauen, denen mitgegeben wurde: Sei lieb und nett, denn nur dann mag man dich. Die eigenen Grenzen zu erkennen und einzufordern ist alles andere als einfach, und es braucht einen langen Lernprozess. Schon in alltäglichen Situationen fällt es manchmal schwer, jemandem mit einem Nein vermeintlich vor den Kopf zu stoßen, wie kann es dann einfach sein, wenn man sich in einer so verletzlichen Position befindet? Dazu diese Unsicherheit, die sich doch gerade auftut, wenn Sex allgegenwärtig ist: »Habe ich ein eigenartiges Verständnis von Grenzen, bin ich prüde?« Oder auch: »Ist es nicht meine eigene Schuld, wenn ich keinen Spaß beim Sex habe?« und »Wie muss sich das anfühlen, und kann es nicht auch mal wehtun?« Der Gedanke, dass es komplett egal ist, ob etwas »normal« ist, wenn wir eine Sache als unangenehm oder als demütigend empfinden, kommt bei vielen erst mal nicht auf. Aber ohne dieses Wissen, die Anerkennung der eigenen Grenzen und die Anerkennung, dass jedes Signal unseres Körpers und des Herzens wichtig ist, gibt es keine Selbstermächtigung. Und genau da muss in jungen Jahren angesetzt werden, weil aus starken Mädchen starke, autarke Frauen heranwachsen. Selbstbestimmung beim Sex kann es doch nicht geben, wenn Scham oder auch weitergetragene Unwissenheit, die dem Geschlechtsteil einer Frau viel mehr anhängt als dem des Mannes, die Sexualität prägt. Wenn wir unser Leben nach den eigenen Regeln leben wollen dürfen, müssen auch die letzten sexuellen Fesseln gesprengt werden. Und wenn ich daran denke, dass ich vielleicht einmal eine Tochter haben werde, dann will ich nicht nur, dass sie im Bett selbstbewusst »Nein« sagen kann, ich will auch, dass sie bewusst »Ja« sagen kann, weil sie weiß, was passiert und was sie will, was ihr Lust bereitet. Dass sie weiß, dass dieses Ja jederzeit widerrufen werden kann. Niemand ist einem anderen Menschen Sex schuldig, niemals. Es hapert also doch schon bei den Basics, wenn man der Frage nach der weiblichen Sexualität nachgeht. Wenn ich aber nie oder sehr spät lerne, was mir Freude bereitet, wie mein Körper ganz simpel funktioniert und dass ich Grenzen genauso formulieren darf wie Wünsche, wie kann ich dann erfüllten Sex haben? Aber auch, wenn ich immer noch mit Wertung zu rechnen habe, wenn man eben doch Selbstbestimmung lebt?

Und diese Wertung multipliziert sich ganz schnell, wenn eine Frau erst einmal Mutter wird und nicht (mehr) mit dem Vater des Kindes zusammenlebt. Als Single-Mutter wechselnde Affären oder einmalige Abenteuer haben? Das kann ja wohl nicht wahr sein! Die hat sich nun um ihre Kinder zu kümmern und nicht ihren sexuellen Bedürfnissen nachzugehen. Und wieso sollten Mütter überhaupt noch Lust auf Sex haben! Die sind doch im Land der Heiligen angekommen, deren Leben sich nur noch um die Lütten, jedenfalls ganz bestimmt nicht um Männer und Sex, drehen sollte. Den Gedanken verfolgte Anfang des Jahres 2018 zumindest ein Artikel auf einer Online-Plattform in Bezug auf Heidi Klum, deren Affäre mit einem Sänger gerade öffentlich wurde. Angekündigt wurde die Geschichte damit: »Heidi sollte auch ein bisschen an die Kinder denken – Nur sechs Monate nach der Trennung von Vito trifft sich Heidi Klum schon wieder mit einem anderen. Dafür finden nicht alle lobende Worte.«[48] Während Ersteres ein Zitat von einer anderen prominenten Frau ist, ist Zweiteres der Zusatz der Redaktion. Nach Kritik

48 http://www.t-online.de/unterhaltung/tv/id_83445192/natascha-ochsenknecht-heidi-sollte-ein-bisschen-an-die-kinder-denken-.html

daran auf Twitter wurde beides geändert. Und dennoch, der Vorwurf, dass eine Single-Frau, die Kinder hat – ohne zu wissen, wie und ob sie die Affären an die Kinder kommuniziert, und ohne, dass das irgendjemanden etwas angehen würde –, sich in einer wie auch immer gearteten Zeitspanne mit Männern trifft, ist ganz schnell rausgeholt. Böse Mutter, wie kann sie das nur tun! Natürlich wurde auch heißer Diskussionsstoff, dass ihre Affäre 16 Jahre jünger ist. Vom Bubi, dem Toy-Boy und Ähnlichem war zu lesen. In einer Late-Night-Show hieß es zum Thema, die erste Begegnung sei sicher so abgelaufen, dass Klum zu ihrer Affäre sagte: »Komm, Tom, gib der Omma mal ein Küsschen.« Klum ist 44 Jahre alt. Wieder einmal ist die Frau nicht ernst zu nehmen, wird sie ins Lächerliche gezogen, wo bei Männern kein Hahn danach kräht. Ebenso lief es bei dem französischen Staatspräsidenten Emmanuel Macron und seiner 24 Jahre älteren Frau Brigitte Macron. Da ließ sich ein deutsches Medium während des französischen Wahlkampfes zu folgendem Hashtag hinreißen: #AufAltenPferdenLerntMannReiten. Altherrenwitze statt politischer Berichterstattung. Ganz normal! Auch dieser Tweet wurde nach einiger Kritik gelöscht – ebenso viel Zustimmung fand er aber natürlich auch. Aber ein Praktikant, so hieß es, sei wohl über das Ziel hinausgeschossen. Auch jungen Menschen gefallen diese Witze also noch, verstehen sie noch, wenn man der Aussage glauben mag. So frei sind wir also. Auch wenn heute fast alle Frauen von einem selbstbestimmten Leben ausgehen, es auch selbst leben, so hat das Maß der eigenen Freiheit doch auch etwas mit der Unbekümmertheit zu tun, mit der man sie sich nimmt, mit der man die Freiheit lebt – und mit der Unbekümmertheit, mit der das von anderen aufgefasst wird.[49] Und da sind wir offensichtlich noch nicht wahnsinnig weit gekommen. Genau deshalb verwundert es auch nicht, dass meine Single-Freundin nicht über die Anzahl ihrer Sexpartner spricht. Oder dass manche Frauen noch immer denken, sie dürften beim ersten Date keinen Sex haben, weil sie sich dann vermeintlich billig hergeben. Oder überhaupt Sex haben, wenn man nicht in einer Beziehung ist. All das ist ja vollkommen in Ordnung, wenn man das für sich selbst so halten möchte, wenn Sex etwas so Intimes ist, dass man es erst ab einer bestimmten Kennlernphase teilen möchte, oder aber, wenn Sex untrennbar mit Liebe verbunden wird. Und auch der Wunsch nach Exklusivität ist total nachvollziehbar – aber die Art, wie wir darüber sprechen, zeigt doch auch, dass damit alte Rollenbilder und ein heteronormatives gesellschaftliches Gefüge verknüpft sind, die einer Frau sexuelle Lust nicht in aller Konsequenz zugestehen. Auch hier hinken wir sprachlich den Möglichkeiten hinterher, die sich uns bereits bieten. Auch hier formt vor allem Sprache, die mit ihr erzählten Geschichten und die aus ihr entstehende Wirklichkeit, wieder eine Welt, in der Frauen noch nicht wirklich in ihrer Selbstbestimmung angekommen sind. Wie würde man darüber denken, wie handeln, wenn es das nicht mehr gäbe? Wenn keine mögliche Verurteilung im Raum stände? Es würde wohl kein Lust-Inferno ausbrechen, in dem plötzlich alle chaotisch übereinander herfallen, und wenn doch, wäre das doch auch vollkommen egal. Aber vor allem wäre noch mehr Freiraum für das eigene Empfinden,

---

49 Vgl. Margarete Stokowski. Weiblichkeit in den Medien. Eine Frau ist kein Hulk, 2018. http://www.spiegel.de/kultur/gesellschaft/weiblichkeit-in-den-medien-eine-frau-ist-kein-hulk-a-1200041.html

die eigene Entscheidung, die eigene Lust da. Es wäre Raum für das Entdecken da – gerade als Single. Warum sollte das zur Durstrecke werden, nur weil man nicht in einer Paarbeziehung ist? Paarbeziehungen definieren doch kein Lustlevel. Woher die Angst vor sich entfesselnder weiblicher Lust? Möglicherweise ist es die Angst vor Machtverlust. Klar, Sex mit dem Gefühl von Liebe oder mit echter Nähe ist etwas ganz Besonderes. Aber die Wahrheit ist ja auch: Miesen Sex gibt es in Beziehungen genauso wie bei One-Night-Stands mit kurzen Bekanntschaften, Liebe ist kein Garant für guten Sex. Guten Sex hat man dann, wenn man sich aufeinander einlässt und Lust an der Lust des anderen hat, ganz da ist, nicht nur nimmt, sondern auch gibt, wenn man sich gut miteinander fühlt. Empathie! Und das gibt's eben nicht nur auf Basis romantischer Gefühle. Das selbstbestimmte Leben einer Frau gibt es nicht ohne ein selbstbestimmtes Sexualleben, ohne die Autonomie über den eigenen Körper, die eigenen Bedürfnisse, das Privatleben. Das aber scheint zu einigen Teilen immer noch vor uns zu liegen, und deshalb ist von sexueller Freiheit für Frauen auch noch nicht ohne Fragezeichen zu sprechen. Auch nicht innerhalb von Paarbeziehungen. Weil wir Sex eben doch verbal hinter der verschlossenen Tür halten wollen, weil Kommunikation unsexy ist, während wir darauf warten, dass die Welt da draußen trotzdem und ohne das eigene Mitwirken eine freiere wird. Und wenn wir in Bezug auf Sex aber noch nicht einmal im Privaten eine Sprache etablieren, die Frauen nicht abwertet, nicht an den kürzeren Hebel drängt, nicht an jemanden bindet, und wenn viele Frauen diese Sprachakte oft nicht einmal selbst hinterfragen, wie sollten wir diese Tür zur sexuellen Selbstbestimmung je aufstoßen können?

10.

Liebe kann auch Angst machen

Wie oft kann man den Mut aufbringen, etwas zu wagen, wenn dieser Mut schon viel zu oft in einen Zustand der Zerstörung geführt hat? Wieso sich wieder da rauswagen, wenn man etwas für sich geschaffen hat, das sich gut anfühlt? Wieso ein Risiko eingehen, wenn das Leben doch so, wie es ist, voll und gut und alles in Ordnung ist? Und falls man das doch möchte, wie macht man diese Alarmglocke aus, die wie ein Dauerstörgeräusch im Hintergrund klingelt? Es könnte alles so einfach sein. Nur ist es das nie. Schon gar nicht, wenn sich die Angst einschaltet, wieder einmal verletzt zu werden.

Meine Welt schien gerade in einem sehr guten Zustand, zusätzlich hatte sich auch noch etwas Rosemunde-Pilcher-Artiges in ihr breitgemacht, mit dem ich noch nicht so wirklich umzugehen wusste. Rosamunde Pilcher war nie meine Abteilung gewesen. Aber was soll's, dachte ich mir. Alles war gut. Es war Sommer, der Himmel war fast jeden Tag penetrant hellblau und der Asphalt selbst am Abend noch warm von der Sonne, so dass der Regen ihn zum Dampfen brachte, wenn er darauf fiel. Und fast immer, wenn ich mich an diesen Tagen zur Seite drehte, dann war da dieser jemand, den ich sehr gerne mochte. Der sich in mein Leben geschlichen oder den ich da reingelotst hatte, wer weiß das schon so genau. Und der es irgendwie geschafft hatte, den inneren Alarm, an den selbst ich nicht rankam, phasenweise auszustellen. Alles war perfekt, so perfekt, wie ein Leben sein kann – also ganz okay zumindest. Und doch war alles, was ich denken konnte, während ich mit meiner Hand diese warme Stelle auf seiner Brust suchte oder ihm einfach nur gegenübersaß: »Ich kann das jetzt nicht. Ich kann es einfach nicht.« Aber was eigentlich? Wir hatten einen gemeinsamen Sommer hinter uns, einen verdammt guten Sommer, der leicht war, laut und an den richtigen Stellen leise. Ein Sommer, der voll mit Tagen war, an denen alles stimmte, der in meinen Gedanken und in meinem Bauch das Gefühl auslöste, das genau jetzt alles richtig ist, wie es ist. Eine Affäre wie aus dem Bilderbuch. Genau die, die man sich für einen Sommer eben wünscht. Für einen Sommer. Und jetzt, wo das Licht immer mehr von grell zu golden wechselte und es dieses Wir immer noch gab, dieses Wir immer größer wurde und die andere Hälfte dieses Wirs die Anzeichen dafür gab, dass das doch nicht enden müsste, da bekam ich Panik. Oder bekam ich Panik, weil sich die Anzeichen dafür bei mir auch schon längst zeigten? Ich wusste es nicht. Ich wusste nur, dass wenn ich nach vorne schaute und daran dachte, dass wir irgendwann nicht mehr auf Sicht fahren, sondern, ganz im Gegenteil, immer mehr Fahrt aufnehmen, schneller und schneller werden, dann geriet ich in Panik. Wohin sollte das führen? Und wieso zu zweit? Das wollte ich doch gar nicht – viel zu gefährlich! Schließlich kenne ich mein verdammtes Herz. Dieses verdammte Herz, das sich dauernd wie ein Adrenalinjunkie in die Wellen geworfen hat, in noch eine und noch eine, höher, mehr, etwas weiter raus. Das immer rief: Lass uns schauen, was da hinten ist – da sieht es wild und ein bisschen bedrohlich aus, das wird Spaß machen! Bis dann eine Strömung kommt, es kommt schließlich immer eine Strömung, und wir runtergesogen wurden, der nächste Strudel uns auf den Kopf stellte, wir nur noch ab und an nach oben kamen, um nach Luft zu japsen. Und dann ist es wieder passiert. Das Herz kann eine ziemlich beschissene Kapitänin sein. Schiffbruch, Herzbruch, all das ist doch immer irgendwie vorprogrammiert. Wieso nur willst du dämliches Herz nie entspannt am Strand sitzen, sondern immer da raus? Wieso sitzen wir immer erst zusammen am Strand, kurz nachdem wir dem Gefühlsdesaster wieder nur knapp entkommen sind? Oder es uns schließlich ausspuckte, nachdem es mit uns durch war, aufgeschürft, erschöpft. Wenn alles schmerzt, wenn alles wieder auf null steht. Unter null, denn irgendwas bleibt auf diesen Touren doch immer von uns zurück. Und dann kommt die Gewissheit hoch, dass wir hätten an der Stelle stehen bleiben sollen, an der das wilde Wasser nur leicht die Oberschenkel umspülte. An der man noch den Grund sehen kann. Denn dann ist alles unter Kontrolle. Wenn man zu oft da draußen war und mit Atemnot zurückkehrte, dann fängt irgendwann auch das einst wilde Herz an, darüber nachzudenken, ob man das Risiko wirklich noch einmal eingehen soll oder besser nicht. Ein bisschen Wasser um die Füße, ohne dass der Puls rast, das ist doch keine so schlechte Vorstellung. Sich nie mehr wehtun lassen auch. Ab mit dem Herz in die Rente, zumindest was die knallhart-amourösen Angelegenheiten betrifft. Genau in diesem Ruhestand hatten mein Herz und ich schon eine sehr unbekümmerte Weile das Leben verbracht, bis es zu diesem Sommer kam und die Frage aufpoppte: Sollen wir es nicht doch noch einmal wagen, selbst wenn wir es eigentlich besser wissen? Oder lieber doch dem Prinzip treu bleiben, mit dem wir die letzten Jahre gut gefahren sind?

Beziehungen, ob als Paar oder als Freunde, sind nicht weniger als ein Wagnis, denn es liegt nicht nur in ihrer Natur, dass in ihrem Beginn schon das Risiko vom (unerwünschten) Ende innewohnt, sondern auch, dass wenn es sich besonders schön anfühlt, wenn man sich besonders für einen anderen öffnet, es umso schmerzhafter werden könnte. Und gehen Beziehungen in die Brüche, verlieren wir Menschen, die uns ganz besonders am Herzen liegen, dann bricht einem das ja meist nicht nur emotional die Beine, sondern zerschlägt es auch die Vorstellung von einer Zukunft, die man sich gemeinsam mit dem Menschen ausgemalt hat, der da gerade einen Abgang macht oder von dem man sich selbst verabschieden muss. Und dann fühlt es sich nicht selten so an, als würde man nun nur noch mit einem lächerlichen Häuflein an eigenem Leben und Selbst zurückbleiben, das man sich während der Beziehung bewahrt hat. Mit etwas, das so halbseiden, so brüchig und klein erscheint, dass man kaum weiß, wo man überhaupt ansetzen soll, um daraus wieder etwas aufzubauen, mit dem es sich gut leben lässt. Und das geschieht genau in dem Moment, wenn fast alles im eigenen Leben um dieses Wir aufgebaut wurde. Es geschieht, weil dem Wir als Zweierformat häufig so wahnsinnig viel mehr beigemessen wird als jedem anderen Wir, das es in unseren Leben gibt. Aber was hilft dieser Gedanke, wenn da schon wieder dieser elende Schmerz ist, den man nie wieder spüren wollte? Dieser Schmerz, der einen ein Stückchen weiter kaputt und zur offenen Wunde gemacht hat. Der es notwendig zu machen scheint, eine weitere Bahn um das Herz zu binden, das doch von allen Verlusten zuvor schon so dick einbandagiert ist. Wer es wagt, zu lieben, steht im Leben immer wieder vor der Frage: Wie soll ich je wieder aufstehen, wenn mir das Herz dermaßen zertrümmert wurde? Und später: Wie soll ich die Schutzmauer wieder einreißen und mich je wieder neu in dieses Abenteuer stürzen?

Jenseits der 20 haben viele Menschen schon so einiges in Sachen Paar- und Freundschaftsbeziehung, ach, allem Zwischenmenschlichen erlebt, und nicht alle Erfahrungen sind schön, nicht alle okay, nicht mit allen kann man souverän umgehen – und in jedem Fall machen all diese Erlebnisse etwas mit einem. Dieser wiederkehrende Verlust, das Gefühl, von diesem einen Menschen, von dem man es sich in dem Moment so sehr wünscht, nicht zurückgeliebt zu werden. Das Aufstehen danach, das mit jedem Mal etwas schwerer fällt. Weil man wie eine Süchtige auf Drogen den anderen nach einer Trennung noch viel mehr zu lieben scheint, als man es zuvor für möglich gehalten hätte. Ist das eben doch diese Magie, die wir der romantischen Liebe gemeinhin zuschreiben? Tatsächlich gibt es für diese Extraportion Gefühl nach einer Trennung eine recht nüchterne Erklärung, wie die Anthropologin Helen Fisher[50], die »das verliebte Gehirn« erforscht, herausfand. Denn dieser unglaubliche Schmerz liegt nicht in einer ganz besonderen Liebe begründet, sondern in einer recht banalen Reaktion im Belohnungssystem unseres Gehirns auf das Verlassenwerden – das tatsächlich ähnlich bei Drogenkonsum reagiert. Nur, dass man von einem Drogenrausch schneller runterkommt als von dem Gefühl der

---

50 https://www.ted.com/talks/helen_fisher_studies_the_brain_in_
love?language=de

Liebe und das Gehirn deshalb immer lauter danach schreit, dass diese Belohnung wieder aktiviert wird, wenn sie uns versagt wird. Man ist also quasi auf Entzug. Heruntergebrochen sind diese Gehirnaktivitäten das, was wir als emotionale Bindung wahrnehmen. Und die werden genauso getriggert, wenn es nicht eine Trennung innerhalb einer Paarbeziehung ist, sondern eine lange Freundschaft oder bei Verlusten innerhalb der Familie. Nur erleben wir den Verlust einer Paarbeziehung in der Regel häufiger als andere, und so verknüpft sich dieser Prozess wahrscheinlich mit der romantischen Liebe und ihrer schieren Unfassbarkeit, die eigentlich jede Liebe und jeder Verlust in uns auslösen kann. Genau deshalb schreiben sich, neben der gesellschaftlich anerkannten Idee, dass der Verlust einer guten Freundin oder eines guten Freundes weniger schwer wiegen würde als der eines Partners, Paartrennungen so tief in uns ein. Es sind Trennungen, die Ängste vor Neuem schüren können. Zumindest wenn es dann nach mehreren dieser Erfahrungen überhaupt noch zu einer Beziehung kommt und man selbst oder der andere nicht schon früher geht. Die Entscheidung scheint nach zu häufigen Gefühlsunfällen mit diesem elenden Schmerz auf einmal sehr leicht und vielmehr noch vernünftig, zur emotionalen Nomadin zu werden, nie lange da zu bleiben, wo es sich gut anfühlt. Oder gerade nicht da zu bleiben, wo es zu schön ist. Immer auf dem Sprung, immer der Karotte ausweichen, die einem da vor die Nase gehalten wird, man ist ja schließlich nicht blöd! Also nicht warten, nicht hadern, nicht zaudern. Immer beweglich bleiben, wie eine Schattenboxerin, die für das gewappnet ist, was vielleicht passiert, die schon ausweicht, bevor es eventuell zum Kampf kommt. Es ist ein Survivaltraining für und gegen die Seele. Und es ist wirklich ganz einfach, zumindest auf den ersten Blick, weil für alles andere so viel Vertrauen notwendig ist, so viel Vertrauen in andere, in etwas anderes. Wer eine nüchterne Rechnung aufmacht, sieht in Beziehungen bald nur noch Risikofaktoren – denn genau daraus bestehen sie auch. Vielleicht kommt es dem nahe, was Oscar Wilde einst schrieb: »Eine Frau mit Vergangenheit hat keine Zukunft.« Das aber nicht hinsichtlich der von ihm beschriebenen Doppelmoral gegenüber Frauen innerhalb der Gesellschaft, sondern ganz grundsätzlich, da wir alle mit unserer Vergangenheit, ob schmerzhaft oder nicht, in eine Zukunft gehen müssen – und dieses Verwobensein in ein Damals sich jetzt und morgen manchmal so anfühlt, als sei keine (gute) Zukunft möglich. Auch wenn man ja eigentlich weiß, dass fast niemand gänzlich der Vergangenheit ausgeliefert ist. Wir alle haben schließlich einen Handlungsspielraum – wie man ihn nutzt, muss dagegen jeder selbst für sich entscheiden. Affären etwa lassen einen enorm großen Spielraum, weil man für sie das Herz nicht (weit) aufmachen, den anderen nicht wirklich hineinlassen muss, wenn man das nicht möchte. Man kann jederzeit gehen und dem Sommer guten Gewissens Adieu sagen, um im Herbst nach neuen Abenteuern zu suchen – oder auch nicht. Dann wartet kein Schmerz, wenn überhaupt ein bisschen Wehmut. Aber Wehmut ist schließlich etwas Schönes, denn die klingt nicht nur etwas wie Wermut, was ziemlich lecker ist, sondern zeigt eben auch, dass man etwas richtig gemacht hat. Man spürte etwas, konnte aber mit einem Lächeln oder auch mit einem Achselzucken gehen. Darauf kommt es doch an, nicht wahr? Immer erhobenen Hauptes, immer frohen Mutes zu sein. Clever zu sein und vorauszudenken. Sich nicht den Spielregeln von unsicheren Mitspielern zu unterwerfen.

Aber natürlich! Würde nun eine gute Freundin von mir sagen, die sich zu eben jener emotionalen Nomadin erklärt hat – für immer. Beziehungen hat sie für sich abgehakt, das Leben allein ist zu schön und schon kompliziert genug. Also lebt sie ein Leben für sich, mit uns, mit ihren Lieben und mit wechselnden Wegbegleitern, die eine Weile dableiben, aber nur so lange, bis es an Gewohnheit grenzt. Dann muss man gehen, sagt sie, denn Gewohnheit kann man schnell mit Liebe verwechseln. Oder schlimmer noch: Sie kann in Liebe führen. Und dafür habe sie keine Zeit und keine Lust, weil das einfach schon zu häufig in etwas führte, dem sie sich nicht mehr auszusetzen bereit ist. Wieso auch, allein ist es schön! Es ist ein Liebesleben, bei dem die Uhren laufen. Aber auch eines, bei dem sie nie mehr Energie verliert, als sie zu geben bereit ist. Keine Herzensbrüche, keine Kompromisse, sie ist die Spielführerin, die immer weiß, wann es Zeit ist, die Runde zu beenden. »Mach das doch auch so!«, rief sie mir zu, nachdem ich ihr von meinen Ängsten, eine neue Beziehung einzugehen, erzählte. Und wenn es für sie so aufging, wieso nicht auch für mich? Leider wurde ich schnell wieder an meine idiotische Kapitänin in der Brust erinnert, hatte sie die nicht? Und kommt es wirklich immer darauf an, aus allem im Leben mit einem Lächeln und so sanft wie möglich herauszukommen? Ist es überhaupt die sanftere Methode oder nicht sehr viel mehr doch ziemlich brutal, sich künstlich einer möglichen Gefühlsapokalypse zu entziehen? Ich zweifelte daran, auch wenn es im ersten Moment verlockend schien. Aber darum ging es nicht bei ihr, es war kein ausweichendes Single-Sein, sondern ein aktiv gewähltes. Und darum ging es auch nicht bei mir, nicht um den Entschluss, Single zu bleiben, weil sich das als der beste Weg für mich selbst gezeigt hat, den man natürlich und guten Gewissens treffen kann. Hier ging es darum, eben gerade diesen Entschluss, der bei mir nicht aus gutem Gewissen, sondern aus Angst getroffen wurde, um möglichen Verletzungen zu entgehen, hinter sich zu lassen. Alles, was nicht wirklich freiwillig geschieht, sollte im eigenen Leben schließlich so wenig wie möglich eine Rolle spielen. Das machen wir schon oft genug, etwa zu arbeiten, ganz generell oder bei sehr gutem Wetter im Speziellen, uns die Zähne zu putzen, wenn wir todmüde sind, oder Salat zu essen, wo wir doch eigentlich Lust auf Pommes haben – wir unterwerfen uns schon oft genug einem äußeren und inneren Ruf, dessen Sinnhaftigkeit sich nicht immer nachweisen lässt, einer vermeintlichen Stimme der Vernunft, aber die sollte in dieser höchst intimen Angelegenheit einmal keine Rolle mehr spielen.

Die Aussicht, auf lange Sicht mein Leben durch Angst leiten zu lassen, schien mir also eine schwachsinnige Idee, auch wenn ich mir zu dem Zeitpunkt keinen besseren Rat wusste. Denn von dieser Idee der Sicherheit geht zwischenmenschlich ja eine größere Gefahr aus, als sich nur von einem Menschen abzuwenden – nämlich, einmal angefangen, immer weniger Menschen wirklich nah an sich heranzulassen. Auch Freunde und Familie irgendwann als eben jene Risikofaktoren abzuhandeln, die sie objektiv betrachtet sind, und sie von ihrem festen Platz in der weichen inneren Zone zu verstoßen. Menschen bringen, genauso wie jede Beziehung zu ihnen, immer die Gefahr mit sich, von ihnen enttäuscht oder verletzt zu werden. Wenn der Umkehrschluss aber ist, sich so sehr zu schützen, dass immer nur die Sparversion einer echten Nähe entsteht, besteht ja ebenso die Gefahr, sich mit dem ewigen Schritt beiseite selbst zu verletzen. Und das passiert genau dann, wenn man so sehr auf die Freiheit beharrt, dass man sich damit selbst die Linien so eng zieht, dass nicht mehr viel Bewegung möglich ist. Auch wenn der Schutzmechanismus wahrscheinlich das Natürlichste und auch erst einmal eine gute Fähigkeit ist, wird es zum ungesunden System, wenn man das Single-Sein zum Prinzip erklärt – und hier spreche ich nicht von traumatischen Erfahrungen, sondern von dem Schritt zurück, den man eben geht, wenn man vor etwas steht, das einem schon hundertmal einen Schlag in die Magengrube verpasst hat. Das ist letztlich genauso zerstörerisch, wie an einer Paarbeziehung allein deshalb festzuhalten, weil man sich davor fürchtet, wieder Single zu sein. Es ging bei mir also um die Frage, wie man wieder vertrauen kann, wie man sich den Mut für die Liebe bewahrt, wenn man schon häufig oder auch einmal ihr Ende erfahren hat und sich diese Erfahrung tief in einen eingefressen hat. Natürlich ist es genauso okay, sich bewusst gegen die romantische Liebe, ihre emotionalen Risiken und die Kompromisse, die sie mit sich bringt, zu entscheiden. Eine Entscheidung für etwas ist eben immer auch eine Entscheidung gegen etwas. You can't eat the cake and have it. Aber ich wollte für mich keine Grundsatzerklärung abgeben, ich wollte autark handeln. Autark von dem, was war, handeln. Wie macht man das? Und gibt es so etwas wie einen freien Willen, ein freies Handeln überhaupt? Vielleicht muss man sich, um dahin zu kommen oder zu verstehen, ob und wo überhaupt die freie Entscheidung liegt, auch mal bewusst gegen jegliche Autarkie entscheiden. So machte es zumindest die amerikanische Drehbuchautorin und Produzentin Shonda Rhimes, die sich selbst als schüchternen Menschen beschreibt, was eigentlich nicht zu ihrer Außenwirkung passt, aber was dazu führte, dass sie viele Dinge, die ihr zu groß oder zu mächtig erschienen, einfach nicht tat. Indem sie etwa gute Herausforderungen ausschlug, weil die nicht zu dem Menschen passten, als den sie sich empfand, und etwas zu ambitioniert für diesen Menschen schienen. Also beschloss sie an einem Geburtstag, für eine bestimmte Zeit zu allem Ja zu sagen, was ihr Angst machte, und ein Buch darüber zu schreiben. In dem heißt es: »Ich werde von jetzt an Ja zu allem sagen, das mir Angst einjagt. Ein ganzes Jahr lang. Oder bis ich vor lauter Angst gestorben bin und ihr mich beerdigen müsst.« Sie fühlte sich nach diesen Monaten des Ja-Sagens freier und stärker – und das absurderweise nach einer Zeit, in der sie sich einem Wort unterworfen hat, das ihre Handlungen bestimmte. Ich glaube ja nicht unbedingt daran, dass ein Wort alles verändern kann, wie es im Untertitel des Buches heißt, aber interessant ist ja, dass sie nicht gegen ihre inneren Werte, sondern gegen die innere Überzeugung, genau zu wissen, wer sie ist und was sie kann, Entscheidungen getroffen hat. Und das ist der spannende Ansatz daran: Sich die Erlaubnis zu erteilen, sich von Glaubenssätzen, die man sich um sich selbst durch Prägungen und Erfahrungen im Leben aufgebaut hat, zu lösen, indem man sie einfach mal auf den Prüfstand stellt. Es ist manchmal wichtig, den Weg Richtung Angst zu gehen, wenn man Panik vor einer objektiv guten Sache oder großen Herausforderung verspürt. Weil genau da eben ein Weg ist, der neue Perspektiven aufmacht und damit auch neue Möglichkeiten für sich selbst. Mut, da muss man sich nichts vormachen, kann man sich ebenso antrainieren wie die Furcht. Und genauso, wie wir dazu neigen, die Vergangenheit zu verklären, neigen wir eben auch dazu, uns schnell dem Negativen einer neuen Sache und ihrem Risiko zuzuwenden. Die

Angst entsteht nicht in unseren Herzen, sondern im Gehirn. Und unser Gehirn behandelt schlechte Nachrichten dummerweise bevorzugt. Es ist erwiesen, dass es mehr auf Nachrichten oder Erlebnisse reagiert, die wir als negativ werten, weil wir diese als latent wichtiger, größer wahrnehmen.[51] Und genau deshalb wiegt das Risiko häufig gefühlt schwerer als die Chance. Unser Leben ist aber nicht mehr das unserer Vorfahren aus Urzeiten, die auf diese ständige Habachtstellung angewiesen waren, weil sensibel auf mögliche Gefahren zu reagieren überlebensnotwendig war. Es geht in unserem Alltag und den Entscheidungen, die wir gemeinhin zu treffen haben, in den wenigsten Fällen um Leben und Tod. Nicht jede Aufgabe oder Frage, die uns unendlich stresst, sorgt und ängstlich macht, ist die, eine Operation am offenen Herzen durchzuführen. Ich meine, gut, immer und zu allem Ja zu sagen ist sicher nicht die Formel, die man verwenden sollte, wenn es um zwischenmenschliche Angelegenheiten geht, aber sich zu gegebener Zeit doch mal wieder in den Schwimmerbereich zu wagen, wäre schon eine gute Idee. Und das bedeutet, eben auch mal komplett entgegengesetzt zu dem zu handeln, wie man es sonst tun würde.

Und noch mal: Natürlich kann man auch allein glücklich sein. Und selbst wenn man es nicht ist, steigt mit jedem Jahr mehr als Single wahrscheinlich sogar das Zufriedenheitsgefühl – weil das Leben auch mit diesem unerfüllten Wunsch schön sein kann oder er sogar mit der Zeit verschwindet. Das Wichtigste ist doch nur, die eigenen Bedürfnisse, das eigene Handeln zwischendurch zu hinterfragen. Sich zu fragen:

---

51 https://www.psychologytoday.com/us/articles/200306/our-brains-negative-bias

»Warum mache ich das eigentlich? Oder warum mache ich es nicht?« Eine Frage, die man sich sehr oft nicht stellt, wenn es sich lohnen würde. Ist ja auch anstrengend. Hat man wirklich keine Lust, sich an jemanden zu binden, oder ist es ein Reflex? Schlägt die Intention Alarm oder das noch vernarbte Herz? Gäbe es vielleicht sogar den unbedingten Wunsch, mit jemandem zusammen zu sein, und da ist schon genau dieser jemand im eigenen Leben? Dann los, von diesen Menschen gibt es schließlich nicht allzu viele! Das alte Leben, das gelebte Leben, kann man nicht einfach weglegen oder zurücklassen. Wenn man geht, kommt es mit. Um Neues zu wagen, braucht man also Vertrauen. Die Schwierigkeit ist, dass man auch das nur aufbauen kann, wenn man Menschen wirklich an sich heranlässt – wenn es sein muss, Stück für Stück. Aber ohne ein wenig Mut geht auch das wieder nicht. Es ist eine Pattsituation. Aber in die gerät man auch dann noch häufig, wenn man sich in der ständigen Abwägung befindet, was nun der allerbeste Zug wäre. Denn dann bewegt sich vielleicht bald gar nichts mehr im eigenen Leben.

Am Ende hilft es also vielleicht, gedanklich etwas loszulassen. Sich davon zu lösen, alles unter Kontrolle haben zu wollen oder haben zu können. Sicherheit ist eine Illusion – und das kann man durchaus als Chance begreifen, einfach zu handeln. Denn der emotionale Unfall wird wahrscheinlich noch einmal eintreten, wenn man sich auf eine neue Liebe einlässt oder insgesamt ein Leben mit engen Bindungen zu anderen Menschen lebt. Wieso es also nicht einfach darauf ankommen lassen, möglicherweise irgendwann volle Fahrt gegen die Wand zu krachen, wenn man davor mal wieder den Wind in den Haaren gespürt hat, weil man einfach mal wieder das Verdeck runtergelassen hat? Und dann tröstet einen vielleicht auch der Gedanke, dass einen bei großem Liebeskummer gar nicht das Herz plagt, sondern das belohnungssüchtige Gehirn. Es geht im Leben nicht darum, daraus mit möglichst wenigen Blessuren herauszugehen. Und es ist okay, sich ein Kissen unter den Hintern zu schieben, bevor man sich setzt, wenn man die Sorge hat, es könnte unbequem werden – aber aus demselben Grund gleich stehen zu bleiben und aufs Sitzen zu verzichten, scheint eine vergleichsweise ziemlich dämliche Entscheidung. Also habe ich dem Sommer zwar Adieu gesagt, aber alles, was er Gutes gebracht hat, weiter in meinem Leben behalten. Ob das eine gute Entscheidung war? Wer weiß das schon. Aber immerhin werde ich das mit Gewissheit herausfinden. Denn vor jedem Neuen steht der Versuch. Vor jedem Stolpern und vor jedem Sprung nach vorne.

11.

Emotionale Sackgasse
geht auch zu zweit

Du machst mich allein
(Rainer Maria Rilke)

In einer Beziehung zu leben kann bedeuten, schon sehr lange das Ende zu ertragen, bis man sich dazu entscheidet, dass es Zeit ist zu gehen. Es bedeutet manchmal, sich einzureden, dass die Einsamkeit zu zweit eben nun Teil von einem ist. Und anzunehmen, dass diese Situation, diese Liebe und dieser Mensch das Beste sind, was man verdient hat. Alles besser, als wieder allein zu sein. Wie wertvoll zu erkennen, dass das nicht die Wahrheit ist.

Etwas hatte sich zwischen uns verändert. Immer öfter gingen wir aneinander vorbei, ohne den anderen wirklich wahrzunehmen. Wenn wir dann miteinander redeten, waren es immer häufiger nicht mehr die neugierigen, interessierten Gespräche von früher, sondern landeten wir meist in Auseinandersetzungen. Um alles, um nichts. Stille im Gespräch fühlte sich längst nicht mehr wie ein gemeinsames Innehalten an, sondern wie ein quälendes Zähneknirschen in der Nacht. Wir lebten die Tage aneinander vorbei, trafen uns wie alte Bekannte, taten manchmal noch so, als sei Freude dabei, und gelegentlich war es fast wie in dem unangenehmen Moment, in dem man einen alten Schulfreund auf der Straße trifft, aber seinen Namen schon längst vergessen hat. Nach außen funktionierten wir brav und seltsam hilflos weiter und hielten das Getriebe des Alltags stoisch am Laufen. Wo war die Zeit hin, in der wir den Alltag nicht nur gemeinsam gemeistert, sondern gelebt haben? Uns nicht nur über die Notwendigkeiten unterhielten, wer wann einkauft, welche Termine die Woche anstehen, was bei der Arbeit so los war und ob wir nächstes Wochenende zur Familie nach Hause fahren, sondern auch noch Platz für Träume und Gefühle hatten. Für die Zukunft. In der »Wie denkst du darüber...« noch eine offene Frage war, deren Antwort man gespannt abgewartet hat, in der freudigen Erwartung, den anderen noch mehr zu entdecken, statt schon in Angriffshaltung zu gehen, weil nun sicherlich ein Affront folgen würde. Oder etwas, das man als Affront empfand. Wir hatten vor uns eine Leinwand aufgezogen, hinter der wir uns gegenseitig ein Schattenspiel einer Beziehung aufführten, die wir nicht mehr als unsere eigene erkannten. Ratlosigkeit war das Gefühl, das mich neben Einsamkeit in dieser Zeit am meisten begleitete. Manchmal war es aber auch Traurigkeit, seltener so etwas wie echte Abneigung: Wie er sich bewegte, wie er sich die Nase putzte, wie er das Gemüse immer so akkurat schnitt, als müsste man es vor dem Anbraten einer Prüfstelle vorlegen. Ich wusste irgendwann nicht mehr, was trauriger war: die Enttäuschung über den anderen oder über mich selbst. Wann hatten wir das verbockt? Wann hatte ich das verbockt? Wieso ging heute nicht mehr, was im vergangenen Jahr noch selbstverständlich war? Und immer die Frage: Warum gehe ich nicht einfach? Weil zu all diesen Gefühlen auch die Angst dazukam. Diese unfassbare Angst, diesen Menschen, von dem ich immer noch wusste, warum ich mich in ihn verliebt hatte, warum wir uns mal geliebt hatten, den ich irgendwie immer noch liebte, verlassen zu müssen. Oder er mich. Ich hatte Angst davor, dass es dieses Wir, das eigentlich längst zur Farce geworden war, zu einer Wohngemeinschaft wider Willen, irgendwann nicht mehr geben würde. Ich war schließlich zu einem großen Teil dieses Wir geworden. Es gehörte zu meinem Selbstverständnis. Zu dem Blick auf mich, zu dem Blick auf das, was ich mein Leben nannte. Wir, das wär der Resonanzraum für das Bild, das ich von mir haben wollte. Wer wäre ich also, wenn es das nicht mehr gäbe? Wie würde mein Leben aussehen? Wo sollte ich ansetzen, wie wieder anfangen? Bis ich mehr Angst davor haben würde, was mit mir, mit meinem Leben wäre, wenn ich bliebe, konnte ich nicht gehen. Davor entschied er das für uns. Aus der Wohngemeinschaft wurde eine Single-Wohnung. Und aus der Einsamkeit zu zweit eine Einsamkeit nur für mich. Nach dem Schock, der Wut und der Trauer, die sich nun langsam abwechselten und irgendwann gingen, blieb die Frage, wie es dazu kommen konnte, dass meine Angst mich so lange zurückgehalten hatte, eine Entscheidung zugunsten von mir selbst zu treffen. Und warum ich lieber diese Einsamkeit zu zweit ausgehalten habe. Warum ich dachte, dass neben der Beziehung, die ich führte, auch diese andere Einsamkeit zu mir gehören könnte, zu meinem Leben. Ich hatte tatsächlich angenommen, ich müsste dieses Ende nun annehmen, es erund mit mir tragen, bis ich wirklich die Gewissheit bekomme, dass es Zeit ist zu gehen.

Die häufigsten Sätze, die ich in dieser Phase von meinem Umfeld zu hören bekam, waren wohl folgende: »Jetzt habt ihr gerade Schwierigkeiten, aber wirf das doch nicht weg.« Oder: »Das ist nur eine Phase, mach dir dein Leben doch nicht kaputt – ihr seid doch so toll zusammen.« Stimmt, dachte ich mir, obwohl ich es doch besser wusste. Besser nichts wegwerfen – weder die Beziehung noch den anderen. Besser sich noch ein wenig mehr gegenseitig verhunzen und auf das Wunder warten. Beständigkeit, selbst die, die sich nicht gut anfühlt, kann schließlich Sicherheit vermitteln, wo man längst in größter Gefahr ist. Weil Veränderung anstrengend und schmerzhaft ist. Weil man lieber hier und da flicken möchte, als Scherben wegzukehren, die man – selbst die! – auch irgendwie lieb gewonnen hat, und sie in den Müll zu schmeißen. Das geht doch nicht! Das war doch mal wichtig! Das ist wichtig! Und natürlich auch, weil es zugleich das Reizvollste und Furchteinflößendste der Welt ist, neu anzufangen. Weil man eben nie weiß, ob da draußen wirklich etwas Besseres wartet. Zweifel haben in dem Prozess, eine Veränderung einzuschlagen, ein leichtes Spiel: Ist mein Einsatz zu hoch, um jetzt zu pokern? Ist nicht das, was ich habe, selbst wenn es sich nicht gut anfühlt, das Beste, was mir zusteht? Sollte ich nicht durchhalten, um wenigstens das bisschen nicht zu verlieren? Warten und aussitzen ist die Devise für viele Menschen, die in solchen Verbindungen bleiben. Und sie war es auch für mich. Weil ich in Wahrheit noch mehr an mir als an der Beziehung zweifelte.

Lieber diese Beziehung als keine und lieber eine längst kaputte Verbindung aushalten, als allein weiterzugehen? Das ist nicht nur wegen möglicher Selbstzweifel eine wesentlich schwerere Frage, als sie zunächst zu sein scheint. Schließlich hat man sich etwas aufgebaut, hat man investiert. Selbst wenn das Aufgebaute mittlerweile marode ist, die Farbe nicht mehr nur abblättert, sondern der Putz beginnt, sich zu verabschieden. Selbst dann ist häufig der Reflex da, daran festzuhalten, auch wenn man längst ahnt, dass jede weitere Investition eigentlich Wahnwitz ist, nur noch sentimentale Gründe hat. Weil man den Blick zurück wahren will, bis man in diesem Blick feststeckt, weil längst nichts mehr da ist, was in die Zukunft weist. Auch wir hatten doch mehr als nur Zweifel, hatten auch die körperliche Erfahrung der Stille und den Geruch vom sterbenden Gefühl in der Nase, sobald wir unsere Wohnung betraten. Kannten die Worte, die weggelassen wurden. Nutzten Worte, die sich wie scharfe Nadelstiche anfühlten, hatten Struktur, die uns sowohl am Leben erhielt als auch die Luft zum Atmen abschnürte. Aber wir blieben. Wir harrten aus. Wir taten uns lieber weh, als uns loszulassen. Bis zu dem letztlich unspektakulären Abgang, der dennoch seine Wucht hat. Wie auch nicht, Trennungen sind schmerzhaft. Aber davor haben wir beide eigentlich nur abgewartet. Gewartet, dass der andere tut, was man selbst nicht konnte. Hätte sich doch nur jemand von uns früher getraut, den Schritt zu gehen. Es wäre so viel besser gewesen, für uns beide. Die Energie, die für die gelebte Leichenstarre draufging, hätten wir gut für uns selbst gebrauchen können. Aber auch wir hingen eben der irren Idee nach, dass eine Beziehung per se erst einmal etwas ist, was es zu retten gilt. No matter what.

Und diese Idee trägt nicht selten selbst dann noch, wenn sich eine Beziehung wesentlich lauter, zerstörerischer, emotional gewaltvoller zeigt, als es bei meiner Beziehung der Fall war. In Liebe, oder dem, was als Liebe verstanden, wahrgenommen oder gedeutet wird, kann viel Destruktives stecken – und man bleibt trotzdem. Denn mit dabei ist doch immer auch die Hoffnung. Die Hoffnung, dass das, was man aufgebaut hat, am Ende eben doch Sinn macht, Erlösung verspricht. Dass die Liebe zueinander eben doch wahr ist und wahr bleibt. Aber dahinter steckt natürlich auch die Annahme, dass man sich selbst im Zweifel hinter der heiligen Verbindung der Paarbeziehungen zurückstellen sollte.

Und das doch ganz besonders, wenn man eine Frau ist. Denn: Halte durch, verlang nicht zu viel, übernimm dich nicht mit deinen Wünschen, vielleicht liegt es nur an dir, sei zufrieden mit dem, was ist – all das sind Sätze, die einer weiblichen Biografie so viel mehr anhaften als einer männlichen. Jungen Mädchen wird noch immer so viel mehr Vorsicht und Demut eingebläut als Wagemut – und das schreibt sich fest. Wie sonst käme es, dass so viele achtsame, kluge, selbstbewusste Frauen in ungesunden Beziehungen ausharren, hoffen und sich daran abarbeiten. Dass so viele versuchen, wie es von Frauen gemeinhin erwartet wird, den Laden zusammenzuhalten, geduldig und verständnisvoll zu sein, wo kein Verständnis angebracht ist, und sich dabei mehr gefallen lassen, als der gesunde Menschenverstand es eigentlich zulässt. Ich würde hier wahnsinnig gerne unspezifisch beim »Mensch« bleiben, denn schließlich scheint es doch mehr eine Frage des Charakters, der eigenen Festigung und äußeren Faktoren zu sein, ob man in Beziehungen, die nicht (mehr) guttun, bleibt oder nicht – egal, welchem Geschlecht man angehört. Aber gesunder Egoismus und die Bereitschaft, die eigenen Bedürfnisse ernster zu nehmen als die des Gegenübers, ist für viele Frauen oft noch immer weniger selbstverständlich, als es das für viele Männer ist. Schließlich, so wird es uns immer wieder gesagt, sind wir von Haus

aus emotional aufgeräumt und häufig immer noch ganz automatisch für den Großteil der Gefühlsarbeit in Beziehungen verantwortlich. Also ist es auch unsere Aufgabe, Verbindungen am Leben zu halten. Genau das wurde auch einer Freundin von mir nahegelegt, die sich, nachdem sie erfuhr, dass ihr Ehemann sie schon eine Weile betrog, vom ersten Moment an anhören musste, dass das eben vorkäme, dass sie das jetzt aushalten müsse, dass sie Verständnis haben solle. Männer sind eben so, die haben ihren Körper, ihre Lust nicht im Griff, die verstehen doch gar nicht, dass das so viel zerstört. Sie solle also daran arbeiten, dass er wieder versteht, was er an ihr hat. Und die Kinder, denk doch an die Kinder! Nur wenige gestanden ihr zu, dass sie das beileibe nicht muss. Dass sie gar nichts muss, weder etwas verstehen noch etwas aushalten. Dass sie neben der eigenen Wunde nicht auch noch den emotionalen Batzen, den er verursacht hatte, ganz allein für beide zu tragen oder abzuarbeiten hat, wenn sie das nicht möchte. Wieso werden Frauen immer wieder vollkommen selbstverständlich in die Verantwortung für die Entscheidungen oder Fehler ihrer Partner gezogen? Und wieso wird diese Haltung nicht noch sehr viel deutlicher hinterfragt? Aber auch sie machte das nicht, sondern nahm diese Verantwortung an und blieb. Bis sie sich selbst in diesem Prozess, für alles Verständnis aufzubringen – außer für sich selbst und trotz aller Warnsignale, die immer wieder aufblitzten, während von der anderen Seite nichts mehr kam, als sich in dem Gefühl auszuruhen, das Recht zu haben, verstanden zu werden –, immer mehr verlor und sie schließlich auf allen vieren aus der Sache herauskroch. Danach ging erst einmal gar nichts mehr. Weil sie sich für das Wir ausgekämpft hatte und nichts mehr für sie selbst übrig war.

Weil sie mit sich selbst haderte. Hätte sie nicht einfach entgegen anderer Meinungen und ihrer eigenen Unsicherheit für sich einstehen müssen? Hätte sie nicht Verantwortung für sich tragen müssen, auch wenn ihr etwas anderes vermittelt wurde? Natürlich, das hätte sie können – und viele andere Frauen hätten das sicher auch gemacht. Aber pragmatisch und vernünftig vorzugehen ist eben nicht selbstverständlich, wenn man in einer Situation feststeckt, in der man sowieso schon den Boden unter den Füßen verloren hat. Und es ist nicht selbstverständlich, wenn man in seinem Leben selten gehört hat, dass es das Wichtigste ist, auch entgegen jeder Harmonie für sich selbst einzustehen. Denn die Rechnung ist doch denkbar einfach: Wir alle bekommen hin und wieder vom Leben einen Tritt in den Hintern, manchmal auch mehr als das, das gehört dazu. Dass man diese Arschtritte aber einfach tolerieren und auch noch die Gründe dafür verstehen muss, weil es eben so ist, dagegen nicht. »Warum habe ich das mit mir machen lassen, warum habe ich daran so festgehalten, während ich doch wusste, dass das vollkommener Unsinn ist?«, fragte sie einmal. Und gab sich die Antwort gleich selbst: »Weil ich in dem Moment, in dem ich vermeintlich in der Hand hatte, uns aufzugeben, so unglaubliche Angst davor bekam, was dann wäre. Was dann mit meinem Leben werden würde, ohne diese Beziehung. Ich hatte Angst, ohne ihn noch einsamer zu sein als mit ihm.« Wieso nur ist diese diffuse Angst vor etwas Ungewissem oft so viel größer als der Mut für einen konkreten Weg? Ist es das, was den Erhalt einer Beziehung wichtiger als das eigene Leben macht? Ist es das, was uns manchmal entgegen jeder Vernunft raten lässt: Halte durch! Egal, was ist! Beziehungen, die Liebe sind so wichtig! Schmeiß das nicht weg! Ihr hattet doch mal was so Großes! Es ist Wahnsinn. Sicherlich spielt die Unsicherheit, die Veränderung mit sich bringt, neben Verlust als Urangst für uns alle eine große Rolle – für alle, die Teil dieser Veränderung werden. Aber eben auch wie absurd die Abwertung des Single-Daseins ist, während Beziehungen, egal in welcher Form, erst einmal zu einem schützenswerten Gut gehören. Zunächst immer mal einer Rettung würdig sind. Im Zweifel durch das Aushalten der Frau, zu einem anderen Schluss kann man kaum kommen, wenn man die gängigsten Ratschläge an sie deutet. Und wer dem Druck, dieses Aushalten nicht zu meistern, nicht standhält, nicht standhalten will, sieht sich auch hier von außen und durch sich selbst ganz schnell wieder mit der Idee des Scheiterns verknüpft. Willst du wirklich die sein, die es nicht schaffte, eine (jahrelange) Beziehung am Leben zu halten? Wie herzlos, wie erbärmlich. Wer das nicht aushält, hat die Liebe eben auch nicht verdient. Der weiß doch gar nicht, was das ist.

Schade, dass »Ja, warum denn nicht?« hier eher die seltenere Antwort ist. Immerhin hatte das das Ballongeschäft um die Ecke meines Büros verstanden, in das ich neulich schnell in einer Mittagspause gehetzt war, um etwas Kitschiges, Aufgepumptes für einen Geburtstag zu finden. Neben vielen Glückwünschen zu Hochzeiten und bestandenen Abiturprüfungen fand sich da auch das Richtige für das Beziehungsende. »Happy Scheidung« prangte auf dem Ballon. Scheint also doch einen Markt dafür zu geben. Aber bis diese »Happy Scheidung« eintritt, ob mit oder ohne Trauschein in der Hand, kann eben viel Zeit vergehen, selbst bei Beziehungen, bei denen es schnell gehen sollte. So wie bei einer anderen Freundin, die nach außen hin über viele Jahre eine ziemlich perfekte Beziehung zu führen schien. Sie und ihr Partner wirkten glücklich, hatten nicht mehr als ein paar harmlose Kabbeleien, zumindest bekam man als Außenstehende nicht mehr mit, verbrachten viel Zeit miteinander und genauso viel mit ihren Freunden. Alles wirkte verdammt gut, harmonisch, normal. Bis es irgendwann vorbei war und sie zu erzählen begann. Von einem Menschen, den wir alle so nicht wahrgenommen hatten, den sie verborgen hatte, indem sie immer das Gegengewicht zu dem geliefert hatte, was das Bild von ihm, von ihnen beiden nach außen ins Wanken gebracht hätte. Vielleicht hatten wir auch nur nicht richtig hingesehen oder an den richtigen Stellen weggeschaut. Sie erzählte von einem Menschen, der ihr gesamtes Leben, ihre Stimmung, ihren Tag bestimmt hatte. Der von ihr volle Aufmerksamkeit forderte, verlangte und die sie ihm gab, weil er ihr immer wieder glaubhaft vermitteln konnte, wie sehr er sie brauchte. Also war sie da, organisierte seinen Alltag, organisierte auch seinen Gefühlshaushalt, begann zu lesen, was er brauchte, bevor er wusste, was er wollte, um keine emotionalen Schwankungen bei ihm entstehen zu lassen. Denn kamen die, wurde es heftig, es wurde laut, und es wurde manipulativ. Sie gewöhnte sich so sehr daran, ja, liebte es, dass sie scheinbar so verzweifelt gebraucht wurde, dass sie nicht merkte, dass es in dieser Beziehung eigentlich nur um einen einzigen Menschen ging: um ihn. Als ihr das irgendwann doch bewusst wurde, war die Scham erst einmal zu groß darüber, dass sie der Mensch geworden war, der genau das nicht nur ausgehalten, sondern auch bedient, ja mitbefeuert hatte. Also machte sie noch eine Weile weiter mit. Jahre. Es war ja auch nicht alles schlecht, sagt sie. Wenn man mal davon absieht, dass sie zum perfekten Gegenstück eines Menschen mit narzisstischen Ausprägungen geworden war – und sich selbst dafür mehr hasste als ihn. Und davon, dass sie seinen Wunsch nach Aufmerksamkeit mit dem Gefühl, geliebt zu werden, verwechseln wollte, um weiter an der Beziehung festhalten zu können. Es funktionierte, weil sie funktionierte.

Es gibt so unendlich viele Geschichten, die von dieser erstaunlich hohen Frustrationstoleranz oft weiblicher Wesen in Sachen Beziehung erzählen. Eine Toleranz gegenüber Zuständen, die sich letztlich aus Scham zu speisen scheint. Aus der Scham, etwas nicht geschafft oder möglicherweise etwas falsch gemacht zu haben. Der Scham, dass man abgelehnt oder verlassen werden könnte. Der Scham, ein Mensch zu sein, der andere aufgibt und sich selbst in den Mittelpunkt stellt. Der Scham, jemanden verletzt zu haben. Der Scham, als möglicherweise nicht beziehungsfähig gesehen zu werden. Der Scham, wieder allein zu sein. Das doch ganz besonders. »Aber dann bin ich wieder allein.« Ein Satz, den man ganz oft hört, wenn es um die Überlegung geht, ob eine Beziehung beendet wird oder nicht. Wieso wieder diese Angst? Allein sein kann so etwas Gutes, so viel Heilsames haben. So viel Ruhe und Unruhe. So viel Raum dafür bieten, das Leben nach den eigenen Regeln zu leben. Der Druck, der aus der Angst vor dem Alleinsein, vor der Angst, nicht geliebt zu werden oder verletzt im Regen zu stehen, entsteht, wird aber nicht nur von innen befeuert, weil Ablehnung oder nicht geliebt werden schon von Kindheit an ein problematisches Gefühl ist, sondern auch von außen. Durch die Idee von moralischer Überlegenheit von Menschen in Beziehungen gegenüber Single-Menschen. Die Idee davon, dass man in einer Beziehung sein Leben immer mehr im Griff, mehr erreicht hat als ohne. Statt also (schon wieder) zu den Trostlosen der Gesellschaft zu gehören, hält man lieber etwas länger aus. Dieser anhaltende Beziehungsfetisch ist doch spätestens dann absurd, wenn das das Ergebnis davon ist. Ist eine Gesellschaft wirklich in Ordnung, wenn es besser ist, irgendeine Paarbeziehung zu haben als keine? Nicht, dass es generell nicht wert wäre, um Beziehungen zu kämpfen, an ihnen zu arbeiten, auch mal was auszuhalten. Menschen sind immer anstrengend, mit einem Menschen ein Leben zu teilen noch mehr. Aber es zeigt sich nun mal immer wieder, dass Paarbeziehungen als Lebensform überzubewerten weder für jene gesund ist, die eine führen, noch für jene, die Singles sind.

Neben diesen unglücklichen Verbindungen gibt es auch eine ganz andere Art von Beziehungen, mit denen man sich vor der vermeintlichen Trostlosigkeit des Single-Daseins bewahren kann: Zweckbeziehungen. Sie sind keine, die auf Liebe basieren. Sie sind jene, die vor Fragen schützen. Die wie ein Beruhigungsmittel auf alle wirken, die sich zuvor um das Liebesleben Sorgen machten, sich selbst eingeschlossen. Man ist wieder im Spiel – und das hat einen ruhigen Fluss. Denn was nicht auf die Probe gestellt wird, durch Erwartungen und Gefühlsbekundungen, ist schließlich recht stabil. Beziehungen sind wichtig, Liebe nicht, so hält es zumindest eine Bekannte von mir. Für sie gibt es das Leben allein nicht, kommt gar nicht infrage, und Beziehungen sind das Instrument, mit dem sie sich diesen Zustand vom Leib hält. Sie ist unfähig, Single zu sein, das hat sie für ihr Leben nicht vorgesehen. Auch, weil sie ihre Mutter, alleinlebend, immer unglücklich aufgrund dieses Zustandes erlebt hat – ihr, so sagte sie einmal, würde das jedenfalls nicht passieren. Sie würde so nicht leben müssen. Und das hat zur Folge, dass sie immer irgendwie in einer Beziehung ist, die mal länger, mal kürzer hält und sich manchmal auch mit der nächsten überschneidet. Die Zufriedenheit in diesen Beziehungen entsteht durch reibungslose Abläufe, jeder weiß, was er zu tun hat. Eine Art einstudierter Paartanz, wobei ich mir nie ganz sicher war, ob ihre Partner wussten, dass sie die Schritte schon kannte, bevor sie sie kennenlernte. Vielleicht ist das auch gar nicht wichtig. Sie dienen ihr als Komplizen für den Alltag, als (emotionale) Stütze, und sind ihre Rückversicherung darauf, Zuneigung verdient zu haben – und nicht zu diesen traurigen Frauen zu gehören, die sich dessen nicht sicher sein können. Natürlich steckt in diesen Beziehungen auch Hoffnung, aber starke Emotionen sind dabei ein Extra, das sich später einstellen kann, oder auch nicht. Bis dahin ist es emotional das lauwarme Glück, in Sachen Struktur aber das ganz große. Ich hielt sie lange für eine Beziehungsexotin, bis mir immer mehr dieser Verbindungen begegneten, in denen es vor allem darum geht, nicht allein zu sein, aber nicht so sehr darum, mit wem zusammen man nicht allein ist. Ob das nun ein gutes oder schlechtes Beziehungsmodell ist, muss jeder für sich selbst entscheiden.

Aber bei der Frage, ob Beziehung oder lieber nicht, geht es nicht nur um emotionale und gesellschaftliche Normen, sondern auch nicht selten um ganz rationale Gründe, wie die der finanziellen Situation. Denn unser Steuersystem, der Pay-Gap zwischen den Geschlechtern und das Abwälzen der Care-Arbeit zu Großteilen auf die Frau hängen eben auch ganz fatal mit der Situation zusammen, Beziehungen auszuhalten, die längst ihr Ende hätten gefunden haben sollen. Die Fragen »Kann ich gehen?« und »Traue ich mich das, schaffe ich es?« lassen sich auf ganz vielen Ebenen verhandeln. Manchmal ist es mehr als die Frage nach dem eigenen Glück oder die Angst davor, gegen eine Norm zu leben, manchmal sind es existenzielle Überlegungen. In vielen Teilen ist das System, das wir als normal sehen, das vom kleinen Familienglück bestimmt wird, cbcn auch eines, das auch deshalb noch so normal ist, weil Frauen noch immer nicht gleichberechtigt sind. Und weil viele Frauen das weiterhin mittragen, nicht rebellieren und mit kleinen Fluchten daraus zufrieden sind. Aber kann all das so noch wünschenswert sein? Kann das einen ideellen Wert haben, der über anderen Lebensformen steht? Die Frage ist doch: Wie viele Beziehungen würde es nicht mehr geben, wenn keine emotionalen und ökonomischen Abhängigkeiten bestehen würden? Und müssten wir das bedauern?

Wann Beziehungen vorbei sind und wann die Zeit gekommen ist, zu gehen, muss natürlich jede und jeder für sich entscheiden. Aber dafür braucht es neben dem Mut, sich selbst endlich wirklich wichtig zu nehmen, ganz maßgeblich auch gleichstellungspolitische Veränderungen und ein gesellschaftliches Umdenken, was das Single-Dasein betrifft. Sich für ein Leben als Single zu entscheiden kann ein ganz großes, lautes, starkes Ja zu sich selbst sein. Neuanfänge mögen furchteinflößend wirken. Aber, um es mit der amerikanischen Schriftstellerin Erica Jong zu sagen: »If you don't risk anything, you risk even more.« Wer vermag schon zu sagen, wo das große Glück wartet. Aber es ist definitiv besser, nicht zu wissen, was kommt, als die Gewissheit zu haben, jeden Tag ein Leben zu führen, das einmal schön war, es aber schon lange nicht mehr ist. Wir können alle viel Ende ertragen, bis es uns auffrisst. Aber wieso sich nicht schon davor für einen Neuanfang entscheiden?

12.

Und was ist mit dem Kinderwunsch?

Wer hat eigentlich das Sagen über meinen Uterus?
Und warum sind das so viele?

Ich kann mich noch an diesen einen Sommer erinnern, in dem ich gefühlt permanent kurz vor dem Milcheinschuss stand – und zwar jedes einzelne Mal, wenn ein Baby an mir vorbeifuhr, vorbeiwankte oder vorbeigetragen wurde und mich mit diesem komisch wachen oder eigenartig debilen Blick anschaute, den Babys eben draufhaben. Dann wurde mein Herz augenblicklich zu Wachs, streichzart, während sich in meinem Gesicht ein ähnlich debiler Blick mit breitem Lächeln formierte. Zumindest so lange, bis ich mir meines eigenen Anblicks bewusst wurde. Aber verdammt, was sollte ich machen: Ich wollte auch so ein Baby haben. Nein, ich brauchte ein Baby, unbedingt! Und dieses Gefühl der Bedürftigkeit ließ mich jedes Mal seltsam schuldig zurück, ganz so, als könnte man mich bei etwas ertappen. Als könnte ich ertappt werden von den Müttern und Vätern, die mich möglicherweise für nicht ganz sauber halten, während ich leicht irre ihre Babys angriente. Es wäre ihnen auch nicht übel zu nehmen gewesen. Aber auch ertappt werden von mir selbst, denn während ich da immer wieder ausgiebig in meinen erträumten Muttergefühlen badete, nur weil ein kleiner Mensch an mir vorbeigekarrt wurde, schoss mir permanent durch den Kopf:»Fängt es jetzt also an? Ist das die biologische Uhr, von der immer die Rede war?« Und wieso zur Hölle jetzt? Denn wenn sie es wirklich war, begann ihr Ticken zum denkbar schlechtesten Zeitpunkt: Ich hatte gerade eine Trennung hinter mir, steckte mitten im Studium und hatte wirklich anderes geplant, als demnächst Mutter zu werden. Ich wurde ganz offensichtlich von meinem eigenen Körper verhöhnt. Ein Kind kam zu dieser Zeit überhaupt nicht infrage. Doch der Hormonsommer ging, ohne dass ich schwanger geworden wäre, und mit dem Sommer verschwand auch meine abrupte Wesensveränderung beim Anblick von Kindern. Nachdem ich mich in meinem Körper wieder zu Hause fühlte, fingen interessanterweise plötzlich alle anderen damit an, über ihn und insbesondere die Untätigkeit meiner Gebärmutter nachzudenken. Und zwar sehr laut und sehr ungeniert. Eigentlich war es weniger ein Nachdenken als ein klares und vielstimmiges Einfordern.

»Wie ist es denn mit Kindern?«

»Aber du willst doch irgendwann Mama werden, nicht wahr?«

»Du weißt aber schon, dass man nicht ewig schwanger werden kann, oder?«

Ach was, sag bloß. Dass diese Fragen vollkommen unangebracht waren, störte natürlich niemanden. Sich ganz selbstverständlich in die Angelegenheiten der Gebärmutter einer (anderen) Frau einzumischen ist schließlich Volkssport. Wir scheinen uns als Gesellschaft darauf geeinigt zu haben, dass es eine Art patriotische Pflicht ist, uns Frauen immer wieder daran zu erinnern, welche Aufgabe wir, neben alldem, was wir ansonsten mit unserem Leben anstellen, eigentlich innehaben – und zwar von Männern und Frauen gleichermaßen. Dabei geht es aber nicht nur darum, uns daran zu erinnern, dass die Familienplanung bald losgehen sollte, sondern auch, dass es am besten nicht bei einem bleibt, sollte man bereits Mutter geworden sein.

»Wann bekommt es denn ein Geschwisterchen?«

»Legt ihr jetzt gleich nach? Ihr seid doch jetzt im Training!«

»Ein Einzelkind ist nicht das, was ihr euch vorstellt, oder?«, äffte eine Freundin, die gerade ein Kind bekommen hatte und ganz froh war, einfach nur irgendwie mit dem neuen Leben, den neuen Aufgaben und dem plötzlichen Dasein als Dreiergespann klarzukommen, einmal entnervt all die ungefragten Familienplanungsassistenten nach, die gerade ihre Umgebung bevölkerten. Für solche Ansagen an Mütter braucht es übrigens kein persönliches Verhältnis, die kommen auch gerne mal beim Arzt, an der Käsetheke oder in der Straßenbahn. Wildfremde, die sich ganz lässig nach deinen Plänen für den Gebrauch deiner Gebärmutter erkundigen, nicht ohne »gut gemeinten« Hinweis, ob man denn dabei richtig entschieden hat – alles total normal.

Für (Single-)Frauen geht das mit spätestens 30 Jahren los, sich jedes Jahr zuspitzend – denn dann verliert man in der Regel endgültig die Hoheit über den eigenen Körper, der ja schon durch seine Beschaffenheit immer ein Thema war. Nein, nun geht es auch darum, seine Bestimmung zu erfüllen. Natürlich nur, weil es die anderen doch so gut mit einem meinen. Ein Glück, was wäre nur mit unseren Leben, wenn andere es nicht immer besser wüssten und uns hier und da an die Hand nehmen würden! Für mich fühlte sich dieses Zerren an meinem kinderlosen Dasein zeitweise sogar so übermächtig an, dass ich mich den Nachfragen einfach ergab. Also handelte ich erst einmal nach Protokoll und antwortete auf alle Fragen brav und so, wie man es offensichtlich von mir erwartete. »Ja, das wäre schon schön, aber ich habe gerade keinen Partner.« »Ich denke schon, dass ich das möchte, ja.« »So einen süßen Fratz wie du, ach, da könnte ich mich glücklich schätzen.« Ich hatte keine Ahnung, ob das, was ich da sagte, überhaupt meinem eigenen Wunsch entsprach, aber ich spielte mit. Weil es sich so leichter anfühlte, für alle und mich – dachte ich zumindest. Bis mir irgendwann bewusst wurde, wie übergriffig diese scheinbar harmlosen Fragen, an die ich mich mittlerweile so gewöhnt hatte, waren. Und bis mir zudem bewusst wurde, was eigentlich klar sein sollte: Es ist vollkommen abwegig, anderen einen Kinderwunsch aufzudrücken oder abzusprechen, oder für andere zu entscheiden, wann sie damit zur Tat schreiten sollten. Ich wollte in der Sache nichts wollen müssen, und ich wollte mit anderen Menschen nicht meine privatesten Entscheidungen besprechen, als ginge es darum, wie ich das Wetter finde. Ich wollte nichts mehr als einfach nur und verdammt noch mal die Alleinherrscherin über meinen Uterus sein, ohne Unbeteiligten Erklärungen darüber abgeben zu müssen. Was dann aber wiederum auf anstrengendes Unverständnis stieß. »Wie, du weißt nicht, ob du Kinder willst? Das muss man doch wissen!« »Bald ist es zu spät, halte dich mal ran!« Oder: »Ich meine es doch nur gut, ist doch normal, dass ich das frage, du bist doch eine Frau. Frauen werden Mütter.« Ja, aber was, wenn nicht. Und was, wenn nicht freiwillig?

Denn nein, natürlich will nicht jede Frau Mutter werden. Und nicht jede Frau, die nicht Mutter wird, entscheidet das. Manche verpassen den Zeitpunkt, weil sie keinen Partner finden, der den Kinderwunsch teilt, oder haben einen Partner, der keinen Kinderwunsch hat, oder oder – es gibt jede Menge andere Gründe, warum es eben so gekommen ist oder noch nicht dazu gekommen ist, Mutter zu werden. Wieder anderen ist es körperlich nicht möglich. Und dann? Dann nimmt man mit diesen so harmlos daherkommenden Fragen in Kauf, dass man anderen wehtut, sie bis ins Mark verletzt. Aber selbst davor macht der patriotische Hilfsdienst aus Schwangerschaftserkundern eben nicht halt. Zu wichtig ist die Neugier, zu wichtig die Kunde, dass man die Produktion anzuschmeißen habe. Ohne Rücksicht auf Verluste.

Es würde in dieser Angelegenheit sehr helfen, sich mal wieder ein wenig in Empathie zu üben und wenigstens den Versuch zu wagen, nachzuempfinden, was für eine Wirkung dieses Zusammendenken von Frauen als (zukünftige) Mutter, haben kann. Es würde helfen, sich zu fragen, warum wir das tun und wie es sich unter diesen Umständen anfühlt, wenn man keine Kinder bekommen kann. Wie wirken in dieser Situation all diese Fragen und Forderungen, die auf einen als Frau einbrettern? Was macht es mit einem, wenn Frau und Mutter immer zusammengedacht werden, sich das aber für einen selbst nicht erfüllen wird? Auf gesellschaftlicher Ebene macht es uns unfrei und eindimensional. Auf persönlicher Ebene kann ich es nur erahnen. Und das noch mehr, seit ich einmal im Rahmen meiner Arbeit vor der Entscheidung stand, ob ich für eine Recherche einen Fruchtbarkeitstest machen würde. Ich dachte lange darüber nach und entschied mich am Ende dagegen. Ich hatte schlicht Angst vor dem Ergebnis. Ich hatte reale Angst davor, was es mit mir machen würde, wenn er negativ ausfallen würde. Wenn es hieße, ich müsse mich nun beeilen, um schwanger zu werden, oder aber, dass ich keine Kinder bekommen kann – und das, obwohl die Überlegung, einmal Mutter zu werden oder nicht, zu dem Zeitpunkt ausschließlich theoretischer Natur war. Und dennoch hatte ich Panik davor, dass mir diese Entscheidung schon längst von meinem Körper genommen worden ist oder dass diese Option nie bestanden hat. Und was dann? Auch das weiß ich nicht, ich weiß nicht, ob es ein großes Unglück für mich wäre oder es mich doch nicht so sehr getroffen hätte. Aber es gibt Frauen, die wissen, wie es sich anfühlt – und vollkommen gleich, wie sie sich damit fühlen, müssen sie sich neben den eigenen Emotionen auch noch sehr häufig mit den Erwartungen oder dem Mitleid anderer Menschen auseinandersetzen. Das kann es einfach nicht sein!

Und doch ist es eben so, dass wir immer noch den gesellschaftlichen Konsens haben, dass dieses private Thema ganz selbstverständlich von jedem Dahergelaufenen diskutiert werden darf. Vor allem mit jenen, die es theoretisch hätten »schaffen können«, Mutter zu werden, noch mit dem Hinweis versehen, dass man selbst schuld sei, man hätte eben seine Karriere nicht an erste Stelle setzen oder so wählerisch sein sollen. Manchmal hat man das Gefühl, es tue den Menschen einfach gut, hin und wieder Hohes Gericht zu spielen. Das streichelt schließlich das Ego so schön und lenkt als Frau zusätzlich davon ab, dass man sich wahrscheinlich selbst kurz zuvor schon darüber aufregen musste, dass jemand einem an den Kopf geworfen hat, was man als Frau alles so soll und was nicht. Wie wäre es stattdessen, über

Lösungen nachzudenken, die es leichter machen, Kinder zu planen, wie etwa einen echten Ausweg aus dem Entweder-oder von Kind oder Job zu finden, mit dem sich viele Frauen auseinandersetzen müssen. Wenn man überhaupt von einem Entweder-oder sprechen kann, wenn man die allgemeine Erwartungshaltung an das Leben einer Frau mitdenkt. So wie für mich als Jugendliche klar war, natürlich werde ich irgendwann Mutter, abermals ohne darüber nachzudenken, ob das wirklich mein Wunsch ist oder ob ich mir diesen Wunsch überhaupt erfüllen kann, so klar ist der deutsche Mütter-Mythos, den es interessanterweise in anderen Länder nicht gibt, also die Idee, erst mit einem Kind im vollkommenen Glück als Frau anzukommen, ja gesellschaftlich verankert.

Es ist ein allgemeingültiges Glück, das sowohl im privaten Umfeld als auch in Boulevardblättern mit Rubriken wie »Schwangere Stars«, in denen Fotogalerien von prominenten Frauen mit Babybäuchen erstellt werden, gefeiert wird, während bei fehlenden Babybäuchen immer häufiger die Nachfrage kommt: »Wann ist es denn ENDLICH so weit?« Ob Familie und Freunde oder »die Öffentlichkeit« – egal, was du als Frau machst, irgendwer wartet immer darauf, dass es für dich endlich richtig läuft und die Schwangerschaft verkündet wird.

Genau deshalb geben auch Frauen, die sich aktiv und freiwillig gegen Kinder entscheiden, ja für das Gros der Gesellschaft auch heute ein irritierendes Bild ab. Wie automatisiert folgt auf die Äußerung, keinen Kinderwunsch zu haben, oft ein irritiertes: »Was ist los mit dir? Warum kannst du Kinder nicht leiden?« »Du bist aber egoistisch!« Oder aber es kommt zum Bedauern, weil offensichtlich etwas in ihrem Leben schiefgelaufen sein muss. Es ist ein patriarchaler Reflex, der

Frauen mit dem Muttersein verknüpft. Der ausblendet, dass nicht jede Frau ihre Bestimmung darin sieht, sich fortzupflanzen. Oder musste sich etwa George Clooney, der mit Mitte 50 erstmals Vater geworden ist, jemals mit dem Mitleid von anderen ob seines kinderlosen Daseins herumplagen? Nein, er war ohne seine Kinder eben einfach der heiße Junggeselle, und wenn etwas bemitleidet wurde, dann vielleicht allerhöchstens man selbst, weil er nicht Vater der eigenen Kinder ist. Warum rufen wir nicht die heißen Junggesellinnen aus, die es objektiv betrachtet natürlich längst überall auf der Welt gibt? Weil das Motiv für Frauen (noch) nicht funktioniert, denn für sie gehört die »Mutter aller Fragen«, wie die amerikanische Schriftstellerin Rebecca Solnit sie nennt, zum Leben dazu. Wir lernen also: Single-Sein ist für Frauen problematisch. Zusätzlich kinderlos zu sein macht aber meist noch einmal eine ganz neue Ebene der Bewertung durch andere auf, die meist nicht so positiv ausfällt oder zumindest mit Irritation verbunden ist.

Wäre also als Single-Frau ein Kind zu haben schon mal die halbe Miete auf dem Weg ins Normalo-Leben? Man würde schließlich wenigstens einigermaßen den Standard für ein gelungenes Dasein als Frau erfüllen. Also nehmen wir mal an, eine Frau kann Kinder bekommen und wünscht sich welche, aber das Leben spielt eben anders, als man sich das vorgestellt hat, es fehlt also der Partner dafür – wie geht man das an? Wie geht man damit um, wenn man vor einem Wunsch steht, den man sich eigentlich nicht selbst und allein erfüllen kann – und wäre es egoistisch, sich diesen Wunsch dann doch zu erfüllen? Habe ich ein »Anrecht« auf ein Kind, weil ich mir eines wünsche, auch wenn ich keine klassische Familie bieten kann? Oder handele ich hier am Ende dann abermals nur egoistisch, wenn ich vielleicht zum »Samenraub« beim One-Night-Stand ohne Gummi ansetze? Das sind Fragen, die man sich in Deutschland stellen muss, während es in Dänemark eben auch möglich ist, als ledige Frau ein Kind durch Samenspende zu bekommen. Ebenso geht es lesbischen Paaren, die hierzulande trotz der Ehe für alle nicht immer eine Chance dazu haben, weil durch eine nicht ganz eindeutig geklärte rechtliche Situation nicht alle Kinderwunschkliniken lesbische Frauen als Patientinnen aufnehmen. Ob die Kinder bei einem Menschen ohne Partner oder einem homosexuellen Paar wirklich schlechter aufgehoben sind, steht dabei vordergründig zur Diskussion – sehr viel wahrscheinlicher geht es aber vor allem darum, dass diese Menschen eben nicht das traditionelle Familienbild bedienen. Und daran will ein Gros der Gesellschaft immer noch festhalten, selbst wenn wir doch wissen, dass das konservative Verständnis einer Familie mitnichten immer das bessere, liebevollere, sicherere Zuhause ist, weil es erst einmal nur das Außen, eine funktionale Konstellation beschreibt. Die Furcht vor Veränderung und der Gleichstellung von nicht traditionellen Lebensformen scheint immer noch größer als der Verstand. Und auch wenn man hier gerne jedem seine private Meinung lassen kann, so müssen wir als Gesellschaft in dieser Sache vorwärtskommen. Denn diese Haltung führt in erster Linie zur Diskriminierung von homosexuellen Paaren und eben auch von (kinderlosen) Singles. Und das vollkommen zu Unrecht.

Denn geht man der Frage nach, ob homosexuelle Paare oder auch unverheiratete Single-Frauen Kindern generell eine Familie bieten können, heißt die Antwort doch ganz klar: Ja, natürlich! Was ist an der Elternliebe von gleichgeschlechtlichen Eltern anders, was an der Liebe einer Single-Mutter? Zudem sind Kinder keine Inseln, sie werden in ihrem Leben, meist vom Babyalter an, weitere Bezugspersonen haben: Tanten und Onkel, Großeltern, Freunde, Erzieherinnen und Erzieher, Lehrer und Lehrerinnen, Menschen aus dem Sportverein, Eltern von Freundinnen und Freunden und und und. Zum Wohlbefinden von Kindern von Single-Eltern gibt es Studien, wie etwa die der »European Society of Human Reproduction and Embryology«[52], die ergab, dass das Wohlempfinden von Kindern mit Single-Eltern sich nicht von dem der Kinder unterscheidet, die bei heterosexuellen Paaren aufwuchsen. Untersucht wurde etwa die Qualität der Eltern-Kind-Bindung oder auch die Entwicklung der Kinder. Mathilde Brewaeys, eine der Forscherinnen, die mit an der Studie arbeitet, erklärt das Ergebnis so: »Die Annahme, dass es für ein Kind nicht gut sei, in einer Familie ohne Vater aufzuwachsen, basiert vor allem auf der Forschung zu Kindern, deren Eltern geschieden sind oder die elterlichen Konflikten ausgesetzt waren. Es scheint jedoch so zu sein, dass negativer Einfluss auf die kindliche Entwicklung eher auf einer problematischen Eltern-Kind-Beziehung beruht und nicht auf der Abwesenheit eines Vaters.« Bezieht man diese Ergebnisse mit ein, muss man zu dem Schluss kommen, dass es bei der Diskussion, wie sich eine »gute« Familie definiert, also vor allem darum geht, das heteronormative Familienbild aus Prinzip stark zu halten. Wenn es sein muss, auf dem Rücken von Menschen, deren Leben nicht dahin verlief oder die aktiv wollen, dass ihr Leben anders verläuft. Aber unsere Welt ist im Wandel, ob wir es möchten oder nicht – auch wenn die

---

52 https://www.sciencedaily.com/releases/2017/07/170705095332.htm

Bretter vor den Köpfen wenn nötig eben mit beiden Händen festgehalten werden, um sich davor zu versperren. Das aber hält nicht die gesellschaftliche Veränderung auf, sondern macht Menschen, die nicht in dieses Schema passen, nur das Dasein schwerer. Denn es zeigt ihnen einmal mehr, dass sie außerhalb von dem agieren und leben, was gemeinhin als gut und normal gilt. Zudem ist der künstliche Ausschluss natürlich längst Augenwischerei. Auch in Deutschland gibt es Ärzte und Ärztinnen, die lesbischen Paaren den Familienwunsch erfüllen, auch schon vor der Ehe für alle – für homosexuelle Männer ist das noch einmal schwerer, ja unmöglich. Verheirateten Paaren bleibt zumindest die Adoption. Und natürlich fahren Single-Frauen nach Dänemark oder in andere Länder, um sich künstlich befruchten zu lassen, vorausgesetzt, sie haben das nötige Kleingeld. Oder aber sie haben One-Night-Stands oder Affären, ohne zu verhüten, um sich den Wunsch nach einem Kind zu erfüllen. Aber auch, wenn diese Schlupflöcher bestehen, die jeder für sich selbst bewerten muss, dann ist es hinterher ja nicht unbedingt leichter. Denn natürlich hat es eine Single-Frau, die zu ihrem Kind keinen Vater vorzuweisen hat oder »alleinerziehend« ist, nicht wenigstens »halb richtig« gemacht, sondern ist neuen Stigmatisierungen und finanziellen Sorgen ausgesetzt. Nicht zuletzt durch ein Steuergesetz, das Alleinerziehende nicht als Hauptversorger einer Familie anerkennt, obwohl sie das faktisch sind, und sie deshalb nahezu besteuert werden wie Singles ohne Kinder. All das muss auf sich genommen werden, wenn man sich allein ein Kind wünscht oder nach einer Trennung als Single lebt – und dennoch ist der Ruf, trotzdem egoistisch zu handeln, immer wieder groß. Und vielleicht ist der Wunsch, ohne einen Partner ein Kind zu bekommen, sogar tatsächlich egoistisch, aber wenn, dann doch im positivsten Sinne: weil man seine eigenen Bedürfnisse ernst nimmt. Nicht aber, weil man dem daraus entstehenden Wunschkind damit auf jeden Fall schadet. Alles andere ist doch nur das Echo einer Gesellschaftsstruktur, die sich nicht damit abfinden möchte, dass das klassische Vater-Mutter-Kind-Modell nur noch eines von vielen und nicht mehr das Leben ist, das wir alle zu leben haben, um glücklich zu werden.

Das Paradoxe: Manchmal führt ja gerade der Kinderwunsch dazu, dass man irgendwann als Single dasteht – so ergab eine Studie der Robert Bosch Stiftung[53], dass jeder vierte Mann kinderlos bleiben will, aber nur jede siebte Frau – was passiert dazwischen? Traurige Geschichten von Trennungen oder Beziehungen im ganz großen Kompromiss, aber von denen will natürlich wieder keiner etwas hören. Jede fünfte Frau in Deutschland ist kinderlos – nicht jede davon hat das willentlich so entschieden. Und genau die schaut man dann abermals bedauernd an. »Ach, die Arme, hat es echt versucht.« Schaut bedauernd, bis aus der kinderlosen Single-Frau eine ältere, kinderlose Single-Frau geworden ist, die nun unsichtbar wird. Wie jede ältere Frau langsam aus der gesellschaftlichen Wahrnehmung verschwindet, so dass sich niemand mehr daran aufreiben muss. Außer man steht als Frau in der Öffentlichkeit. So erzählte etwa die Grünen-Politikerin Claudia Roth in einem Interview mit der *Zeit* im Jahr 2018, zu dem Zeitpunkt 63 Jahre alt, dass auch sie sich immer noch mit der »Mutter aller Fragen« herumplagen muss, weil ihre Kinderlosigkeit im Kontext ihrer poli-

---

53 http://www.bosch-stiftung.de/sites/default/files/publications/pdf_import/ BuG_Familie_Studie_Kinderwunsch.pdf

tischen Arbeit ein Thema ist: »(...) Es ist ätzend, wenn du so hingestellt wirst. Aber ich höre es immer wieder: Diese Merkel, diese Künast, die Roth, all diese Weiber, die keine Kinder haben...«[54] Es ist eine Abwertung ohne Grund, aber mit machtvoller Wirkung – so wie Frauen über ihr Aussehen herabgesetzt werden können, so funktioniert das auch, wenn man ihren Status als Kinderlose betont. Es funktioniert, weil Frausein mit Muttersein gleichgesetzt wird. Dabei wissen wir doch längst, dass Frauen, dass jeder Mensch ein verdammt gutes Leben ohne Kinder führen, ein reiches, ein glückliches, buntes, sattes Leben haben kann. Und wie geht diese Bewertung von kinderlosen Frauen eigentlich mit der Haltung einher, jenen, die sich Kinder wünschen, das zu verwehren? Wieso werden ihnen Steine in den Weg gelegt? Wieso sollte es der einzige Weg sein, wenn das Geld für eine Kinderbehandlung fehlt, mit einem möglicherweise Fremden, der davon vielleicht noch nicht einmal etwas weiß, ein Kind zu bekommen? Wieso gibt es keinen Zugang zu künstlicher Befruchtung für jene Frauen? Weil es nicht um unsere kindverliebte Gesellschaft, sondern um Macht über Frauen geht. Wenn wir so kinderfreundlich wären, wie wir gemeinhin tun und Mütter derart vergöttern würden, wie es die überhöhte Idealisierung der Mutterschaft verspricht, dann würden Frauen sich nicht mehr zwischen Job und Familie aufreiben müssen, wären ausreichend Kitaplätze da, würde mehr Geld in Bildung investiert, gäbe es keine Kinderarmut, würden Alleinerziehende besser unterstützt und Hebammen das Ausüben ihres Berufes nicht so schwer gemacht. Der

---

54 https://www.zeit.de/2018/22/claudia-roth-gruene-sexismus-hatespeech-interview

Mythos, dass alle Frauen Mutter werden wollen und darin ihre Bestimmung finden, ist gesellschaftlich doch nur wichtig, wenn es dem Zweck einer konservativen Lebensform und dem Erhalt von traditionellen Rollenbildern dient, wenn es aber darum geht, wirklich konkrete gute und sichere Bedingungen für Mütter und Frauen, die es werden wollen, zu schaffen, bleibt es häufig ein reines Lippenbekenntnis. Und damit gerät die Überidealisierung der Mutter zur Farce.

Aber zurück zum Kinderwunsch: Die einzigen Wege, als Single zu einem Kind zu kommen, sind One-Night-Stands, »vergessene« Antibabypillen in Affären oder eine künstliche Befruchtung im Ausland tatsächlich nicht. Ein sehr spannendes Modell für Menschen, die nicht in einer Beziehung leben, sich aber ein Kind wünschen, ist die Co-Elternschaft. Ich durfte mehrmals eine Frau interviewen[55], die diesen Weg für sich gegangen ist. Sie war Mitte 30 und ungewollt kinderlos, weil ihre Partner zuvor keine Kinder wollten oder erst irgendwann. Für sie wäre es zu spät gewesen. Also suchte sie erst online nach einem Mann, der mit ihr ein Kind zeugen und Co-Vater werden wollte (und damit aktiv am Leben des Kindes teilnimmt, ohne dass die Eltern zusammenleben), fand ihn letztendlich aber über den erweiterten Freundeskreis. Sie fuhren zusammen in den Urlaub, um sich kennenzulernen, und beschlossen: Das passt, wir wagen es. Das Kind entstand durch die sogenannte Bechermethode, für die das Sperma in einen Becher kommt, dann in eine Spritze aufgezogen und von der Frau selbst eingeführt wird. Heute haben sie eine kleine Tochter und sind glückliche Eltern, die nie Partner, aber immer Freunde waren. Ein toller Weg, auf

---

55 https://editionf.com/Planning-Mathilda-Interview

dem sich zwei gefunden haben, die sich mögen und die der Kinderwunsch eint. Ein Beispiel, das zeigt: Es ist weder abwegig noch verwerflich, einen Kinderwunsch unabhängig von Paarbeziehungen zu denken. Vielleicht ist es für Frauen heute sogar notwendig, wenn sie selbstbestimmt leben wollen – diesem Gedanken geht etwa die Soziologin Eva Illouz in ihrem Buch »Warum Liebe weh tut«[56] nach. Sie argumentiert damit, dass Frauen, die ein Familienleben mit Romantik wollen, sich immer vom Wohlwollen eines Mannes, der länger Zeit hat, um Kinder zu bekommen und dessen sozioökonomischer Status weniger von Heirat und Familie abhängt, abhängig machen müssen. Genau diese Unabhängigkeit bietet das Co-Parenting und zu einem gewissen Grad sicherlich auch Social Freezing[57], auch wenn das Einfrieren von Eizellen sehr teuer und keineswegs eine Garantie für eine (späte) Schwangerschaft ist – und genau deshalb kann diese Lösung nicht die einzige bleiben. Denn wieso sollten einer Gesellschaft, die ständig wegen der Geburtenrate murrt, nicht auch andere Wege als private Lösungen einfallen, die sich zumal nicht jede Frau leisten kann? Sie liegen ja auf dem Tisch, und unser Nachbarland fährt offensichtlich gut damit. Abermals: Es ist nicht anzunehmen, dass diese Optionen allein aus Sorge um das Wohl der Kinder nicht umgesetzt werden. Wer Frauen auf diese Weise klein hält, kann ihnen die alten Strukturen schmackhafter machen oder aber sie noch eine ganze Weile länger an ihre traditionelle Rolle binden. Und sie, sollten sie sich verweigern – hier geht es auch um den

56 Eva Illouz: Warum Liebe weh tut: Eine soziologische Erklärung. Suhrkamp Verlag, 2011.
57 https://www.zeit.de/wissen/gesundheit/2014-10/social-freezing-eizelle-faq

aktiven Wunsch, keine Kinder zu bekommen – einfach weiter dafür abstrafen. Weil sie aus dem kollektiven »Wir« ausgeschlossen werden. Genau deshalb besteht der größte Affront als Frau immer noch darin, glücklich Single und glücklich ohne Kinder zu leben. Ein Freifahrtschein, zu pathologisieren oder zumindest immer wieder zu wiederholen, dass sie ja nicht wüssten, was sie verpassen. Denn die Maßstäbe, die das herrschende Gesellschaftssystem an uns Frauen stellt, stecken tief in uns drin. Sie sind über Jahrhunderte weitergegeben worden, so dass viele häufig nicht an den Punkt kommen zu fragen: Ist das wirklich so, ist das wirklich die Erfüllung und das Sinnstiftende in meinem ganz persönlichen Leben? Wenn man ganz nüchtern an das Thema herangeht, dann lässt sich eben nicht allgemeingültig sagen: Frauen, die keine Mutter werden, wird auf jeden Fall etwas in ihrem Leben fehlen – hier sei auch noch einmal an die Studie »Regretting Motherhood« erinnert. Wir wissen nicht sicher, was uns glücklich macht und was wir verpassen, wenn wir Entscheidungen treffen. Das zeigt sich auch an ganz banalen Dingen: Was verpasse ich, weil ich in dieser Stadt und nicht in einer anderen wohne? In diesem und nicht in einem anderen Land lebe oder mich heute für diesen und keinen anderen Weg in den Supermarkt entschieden habe? Was verpasse ich, weil ich keinen oder doch einen Hund besitze? Niemand kann diese Fragen beantworten.

Und das Argument, als Frau würde man eine Fehlentscheidung treffen, wenn man nicht Mutter werden will, führt ja noch weiter: Denn Frauen ohne Kinder kann man auch unwahrscheinlich gut mit dem Alter bedrohen. »Dann bist du aber allein, und wer versorgt dich?« Und genau das ist eigentlich der Moment, in dem sich der Egoismus der sonst als so selbstlos geltenden kinderhabenden oder kinderliebenden Menschen zeigt. Aber auch der ist letztlich kaum zu verurteilen, wenn es allen Beteiligten ansonsten gut geht – es offenbart lediglich die Scheinheiligkeit, mit der an das Thema herangegangen wird. Denn ja, wir haben ein Sozialsystem, für das es Kinder braucht, Stichwort Rente oder Pflege. Aber wie passt das mit dem ideellen Wert, der so oft hochgehalten und als Argument immer wieder angebracht wird, zusammen? Zudem: Wenn wir trotz der Enge, also den vielen Menschen um uns herum, in der wir etwa Städte heute bewohnen, und dem Reichtum, in dem wir in unserem Land unterm Strich leben, Angst vor der Versorgung und Vereinsamung im Alter haben, wenn wir keine Kinder bekommen, dann läuft doch grundsätzlich einiges anderes schief als das Thema Familienplanungen. Eine kinderfreundliche, menschenfreundliche und auch explizit nicht frauenfeindliche Gesellschaft zu sein, schließt auch mit ein, Strukturen zu schaffen, in denen nicht nur *eine* Lebensform begünstigt wird. In denen Familienplanung einfach gemacht und unterstützt und andererseits Frausein nicht über das Muttersein definiert wird. Aber auch losgelöst von politischen Entscheidungen fehlen uns doch soziale Netzwerke, ob kinderlos oder nicht. Und auch das kann zu einem Leben ohne Kinder führen, wenn die Gedanken daran, es nicht allein oder auch nicht zu zweit zu schaffen, zu groß werden. Oder es kann zu einem Leben führen, das Abhängigkeiten schafft, weil nur einer in der Familie arbeiten gehen kann, ganz davon abgesehen, ob nur einer aus der Familie arbeiten möchte. Um es kurz zu machen: Ständig beißt sich die Katze in den Schwanz.

Was also kann daraus folgen? Vor allem wohl, dass wir als

Gesellschaft gut daran täten, Familie, Frausein und die Idee eines Lebensglücks sehr viel breiter zu denken, als wir es bislang tun, und uns mehr Freiheit in Sachen Lebensgestaltung zugestehen müssen, wenn wir gut und gesund miteinander leben wollen. Allem voran aber müssen wir selbst noch stärker hinterfragen, was uns gemeinhin als lebenswert, gut und normal verkauft wird! Was nützt nur einem Einzelnen, einer Einzelnen von uns die mit hohen Hecken abgeschirmte Schrebergartenidylle im Kopf, wenn sie nicht mehr viel mit unserem eigenen Leben zu tun hat? Wenn Verletzungen und verkorkste Lebensläufe so viel mehr damit einhergehen zu versuchen, uns gegenseitig Regeln für das vermeintlich große, allgemeingültige Glück aufzudrücken, als dass es ein glückliches Leben bedingt? Aber bis wir das schaffen hört wenigstens bitte endlich auf, ungefragt eure Meinung über den Uterus anderer Frauen herauszuhauen. Erstens geht das niemanden etwas an. Und zweitens sieht man von außen nicht, was innen los ist. Man sieht nicht, ob ein Kinderwunsch besteht und sich nicht erfüllt, und was man mit ein paar scheinbar harmlosen Fragen anrichten kann. Es geht um nicht mehr als um ein bisschen Respekt.

13.

Single-Sein ohne Stigma:
Verrücktes, gutes Leben

»Werde, die DU bist«
(Hedwig Dohm)

Der Tag, an dem das endgültige Umdenken begann. Es ist nicht lange her, da saß ich in einer Business-Runde – also eine jener Veranstaltungen, bei denen man mit fremden Menschen »ungezwungen« spricht, Visitenkarten wie Monopolygeld hin- und herschiebt, sich einen Sekt reinpfeift und dann noch einen, um zu vergessen, dass das alles unfassbar öde und anstrengend ist. Dann kam es zu einer Art Vorstellungsrunde, in der jeder sagte, was er denn so macht. Wie es der Zufall wollte, kam ich nach einer Reihe von Menschen dran, die nicht nur ihren Beruf nannten, sondern auch noch angaben, ob sie verheiratet sind oder in einer Beziehung leben und wie viele Kinder sie schon auf die Welt gebracht haben. Als ich meinen Beruf nannte und die Stichwörter »Single« sowie »kinderlos« hinterherschob und lachen musste, weil ich das für sinnlose Zusatzdaten in einem beruflichen Kontext hielt, war ich die Einzige, die lachte. Einigen rutschte ein leises »Oh« raus, andere schauten peinlich berührt auf den Tisch oder mich unsicher lächelnd an. Ich hatte, ohne es zu wollen und ohne es zu wissen, keinen Eisbrecher auf den Tisch gepackt, sondern wieder mal den Code für »absolut unpassend« genannt. Und statt mich zu ärgern oder es egal zu finden, war ich mir auf einmal selbst peinlich. Nicht weil ich das gesagt hatte, sondern weil mein Leben so eine Wirkung auf die Runde hatte. Wieder einmal. Man stelle sich mal vor, ich hätte mitleidig geschaut, als die Kinderanzahl der anderen auf den Tisch kam oder ihr Status als verheirateter Mensch – auch dann wäre ich der Freak gewesen. Denn Beziehungen sind nicht bemitleidenswert, ein Leben als Single aber schon! Und genau das zeigte mir erneut, wie wichtig unser Status als vergebener Mensch immer noch ist, wie sehr sich das als gelungenes Dasein in uns reingebrannt hat, auch wenn es doch heute, so heißt es, total optional ist. Kann doch jede machen, was sie will! Nun... fast alles. Mit meiner Auskunft darüber, Single zu sein, wird immer wieder eine außerhalb von mir stattfindende Story über mich erzählt werden, die ich selbst nicht in der Hand habe. Weil das Label stärker ist als meine Haltung oder mein Gefühl dazu – das Label der Single-Frau als einsamer, suchender, trauriger Mensch, dem man Mitleid zukommen lassen muss. Dabei ist es mit Menschen doch ähnlich wie mit Gedichten: Es ist immer besser, sie nicht aus dem eigenen Leben zu deuten, sondern sie erst einmal für sich selbst stehen und sprechen zu lassen. Unfassbar, was man dabei alles erfahren kann – auch über sich. Und genau deshalb war ich nach diesem Abend endgültig nicht mehr bereit, über diese Situationen nur zu lachen oder mir von anderen in meinen biografischen Rucksack, den wir alle tragen und der mal größer und mal kleiner ist, gefüllt mit alldem, was man so an emotionalem Ballast über die Jahre eingesammelt hat, auch noch die unbegründete Sorge reinpacken zu lassen, dass man ohne Beziehung nicht richtig, weniger wert oder nicht gut genug ist. Und ich war nicht mehr bereit, Verständnis für die Beschränktheit im Denken anderer aufbringen können zu müssen. Denn die Auseinandersetzung mit dem, was man möglicherweise sollte und müsste, nimmt einfach zu viel Energie für das, was wirklich ist. Nämlich mein Jetzt und mein Morgen.

Aber wie war ich überhaupt an diesen Punkt gekommen, mich davon freischwimmen zu müssen? Als junger Mensch schien das gute, selbstbestimmte Leben immer so nah. Denn das richtig schöne Leben, da war ich mir sicher, beginnt dann, wenn ich endlich erwachsen bin. Schließlich liegen doch alle Möglichkeiten vor mir. Und dann ist man erwachsen und kann darüber natürlich nur lachen – weil wer hätte geahnt, dass all die neuen Verantwortungen und Abhängigkeiten vom lieben Geld, Steuererklärungen, Stromrechnungen, miese Jobs, eine ständige Müdigkeit und eine gewisse Sorge vor dem, was kommt, statt das Nähren der unbestimmten Hoffnung, dass alles gut wird, doch gar nicht lustiger sind, als sich als Teenager einfach auf dem Dorf zu langweilen. Und wie hätte ich ahnen sollen, dass man als erwachsene Frau zudem ständig diese unangenehm trockene Kehle vom vielen Erklären und Rechtfertigen haben wird? Denn nur weil man erwachsen ist, ist man ja noch lange nicht dazu befugt, einfach nach eigenem Gusto zu handeln. Wo kämen wir da hin?

Na ja, im Prinzip geht es als Erwachsener natürlich genau darum, selbst zu entscheiden, was man für richtig hält, und die Lösung ist letztlich genauso einfach, wie sie mir als junger Mensch schon schien. Denn es gibt realistisch betrachtet keinen äußeren Imperativ, der uns das Leben heute derart diktiert, wie es bei unseren Müttern und Großmüttern noch der Fall war – oder zumindest ist es einer, mit dem in einem weiten Rahmen verhandelt werden kann. Denn irgendwie gibt es diesen Imperativ eben doch. Durch andere an uns, aber auch innen, durch uns an uns selbst – ganz einfach, weil wir mit bestimmten Erwartungen (an uns) aufwachsen. Aber stellen wir uns verrückterweise einfach mal vor, wir würden diesen Imperativ einfach ausknipsen und Frauen könnten im Privaten tatsächlich das selbstbestimmte Leben führen, das wir permanent als bereits existent herbeireden und dabei übersehen, dass wir da noch nicht sind. Man stelle sich vor, diese Hürden im Kopf wären einfach nicht mehr da und wir könnten glückliche Langzeitsingles sein, ohne dass das bewertet wird, weil es einfach das Normalste der Welt ist. Und zwar mit und ohne Kind, mit und ohne Sex, mit und ohne Karriere, mit und ohne Wunsch nach einer Beziehung. Oder wie die Schauspielerin Ariane Labed einmal sagte: »Jeder Mensch hat durch die eigene Identität eine unglaubliche Kraft, und Freiheit ist nur der Weg, diese Kraft zu nutzen.« Darum geht es doch: Um ein freies Leben – egal, wie man es gestaltet. Was würde sich also ändern, wenn Paarbeziehungen nicht mehr der vorausgesetzte Lebensstandard wären, der alle anderen zu Sonderlingen und damit auch unfrei unter Menschen macht, die einmal getroffene Lebensnormen mit der gleichen Selbstverständlichkeit in unserer Gesellschaft zementieren, wie morgens die Sonne aufgeht?

Wir hätten wahrscheinlich weniger miese Beziehungen mit ein bis zwei unglücklichen Menschen, die die Energie für alles fressen, was diese Menschen eigentlich sonst in ihrem Leben erreichen könnten. Mein Gott, unser Land wäre möglicherweise längst gnadenlos übervölkert von Dichterinnen, Gründerinnen, Erfinderinnen und Wissenschaftlerinnen. Und der Mars schon lange unsere sichere Notfalloption, müssten wir den Planeten wegen des Klimawandels verlassen. Wenn die Politik dann auch mal in der Gegenwart ankommt und der Ehe die rechtlichen Vorteile nimmt, könnten wir wirklich alle eine Hochzeit als gänzlich freiwillige Option verstehen. Und bei einer Entscheidung dagegen von dem Geld, das nun nicht fürs Fest und das Ess- und Trinkgelage draufgeht, auf Weltreise gehen, ein Jahr lang faul im Bett liegen und den scheiß Job endlich kündigen, der uns schon so lange den letzten Nerv raubt – oder was uns sonst noch Spaß macht. Wir müssten uns auch nicht mehr selbst geißeln oder unser Lebenswerk als gescheitert wahrnehmen, wenn die Ehe nicht hält, weil Ehe kein Standard an sich mehr ist, den es zu erreichen oder zu halten gilt, um ein wertvolles Leben zu führen.

Wir könnten entspannter Karriere machen, weil berufliche Ambitionen nicht mit privaten Defiziten, sondern ausschließlich mit Fähigkeiten und Leidenschaft verbunden werden würden. Wenn wir es dann noch schaffen, nicht immer wieder an unsere Gebärmutter erinnert zu werden, weil man als Single- und / oder kinderlose Frau nicht mehr als tickende Zeitbombe angesehen wird, wären wir nur umso weiter. Was natürlich doof für Personalverantwortliche wäre, die müssen sich nun neue Ausschlusskriterien ausdenken. Immerhin gibt es für sie noch zu jung und zu alt als bequeme Lösung dafür, Menschen durch ein Raster fallen zu lassen, die vielleicht genau die Richtigen für den Job wären. Oder sie lassen es einfach, und in Sachen Fachkräftemangel würde doch sehr viel mehr Entspannung eintreten, wenn nicht nur bei der einen Hälfte der Menschheit gesucht werden und Menschen nach mehr als nach Mustern beurteilt würden. Wir würden viel bessere, viel spannendere, lehrreichere und interessantere Geschichten über Frauen lesen, wenn Themen wie »Wann findet sie endlich die große Liebe?«, »Ist das ein Babybauch, der sich unter dem Oberteil abzeichnet?« oder: »Ist sie dem Frust-Fressen erlegen, weil sie Mr. Right immer noch nicht gefunden hat?« endlich mal durch sind. Aber das braucht dann natürlich die Mühe, Frauen genauso viel und nach den gleichen Kriterien zu betrachten und über sie zu berichten wie über Männer. So viele Geschichten, die noch darauf warten, erzählt zu werden – und für junge Mädchen wären endlich die Vorbilder sichtbar, die sie verdienen und brauchen. Wir müssten die Liebe nicht mehr so beschränkt klein denken, so dass Paarliebe, die Freundesliebe, die Familienliebe die gleiche Wertschätzung erfahren. Wir könnten allein für uns und dabei frei sein, statt uns mit Druck und schlechtem Gewissen ob der nicht erfüllten gesellschaftlichen Verträge zu Mutterschaft und Beziehungsglück rumzuschlagen. Das trägt übrigens auch erheblich zur mentalen Gesundheit bei. Und im Zweifel sogar zum Mutter-Tochter-Glück, also zum besseren Verhältnis innerhalb der Familie, die wir schon haben. Wir würden auf Familienfeiern und Klassentreffen nicht mehr wie das Pferd im Supermarkt begafft werden, wenn wir mit Mitte 30 nicht in einer Paarbeziehung leben. Wir könnten nicht nur so tun, als würden wir die Idee von Familie weiterdenken als bis zum klassischen Vater-Mutter-Kind-Gefüge im Reihenhaus, sondern es wirklich machen – und das macht es ja nicht nur Menschen ohne Beziehung einfacher, sondern auch jeder Familie und solchen, die eine gründen wollen. Wenn wir kein Objekt mehr sind, das ständig einem Subjekt zugeordnet werden muss, dem es zu gefallen gilt, könnten wir Frauen uns endlich noch mehr mit der eigenen Lust beschäftigen. Würden noch deutlicher aufhören uns zu fragen, wie wir beim Sex aussehen oder ob er auf seine Kosten kommt, sondern das gemeinsame Erlebnis, in dem beide auf ihre Kosten kommen, in den Vordergrund stellen. Oder, verrückt, einfach mal ausschließlich uns selbst! Und dann endlich die weibliche Lust gleichberechtigt mit der männlichen Lust leben, so dass auch schon junge Frauen ein gutes, gesundes Sexleben haben können und nicht erst die 40er und 50er ihres Lebens dafür feiern müssen, weil man dann mehr bei sich angekommen ist und die sexuellen, aber auch körperlichen Unsicherheiten etwas abgelegt hat. Wie viel schöner und entspannter dann auch Beziehungen wären und wie viel mehr Zeit wir für guten Sex und ja, auch zum Kindermachen nutzen würden, das brauche ich niemandem zu erklären. Wir könnten bessere Banden, bessere Netzwerke bilden, uns gegenseitig mehr unterstützen statt gegeneinander zu arbeiten, weil wir unsere Lebensmodelle voreinander verteidigen müssen. Wir würden weniger Geld für Dinge ausgeben, die uns für den Datingmarkt schön machen, sondern für das, was uns wirklich Freude bereitet. Wir hätten überhaupt mehr Zeit, uns statt mit unserem Aussehen und einem völlig eindimensionalen Schönheitsbild zu beschäftigen, das uns durch Norm Zuneigung erkaufen soll, um uns endlich um die Eroberung der oder doch zumindest unserer eigenen Welt zu kümmern. Wir müssten uns nicht mehr fragen, ob wir so, wie wir sind, genug sind, um geliebt zu werden – sondern könnten einfach mal all die Liebe wertschätzen und annehmen, die uns auch ohne Partner entgegengebracht wird. Wir könnten das Glück spüren, das wartet, wenn wir nicht mehr das Gefühl haben, wir sollten unglücklich sein, nur weil wir nicht in einer Beziehung sind. Wir würden allein keine Pärchenpreise auf Pärchenveranstaltungen zahlen. Keine Singlepreise im Supermarkt, und hätten vielleicht auch Einzelzimmer im Hotel, die halb so viel kosten wie ein Doppelzimmer. Na ja, vielleicht. Aber wen kümmert der scheiß Singlepreis oder das verdammte Einzelzimmer, wenn es doch darum geht, frei zu sein? Soll der Kapitalismus doch den Wert der Waren bestimmen, aber die Liebe, das eigene Leben, braucht das unbedingte Recht, von Kapitalisierung frei zu bleiben.

Worauf warten wir also? Das ist es eben, darauf kann man ewig warten, wenn man nicht einfach mal selbst damit anfängt – nur mit Maulen ist es nicht getan. Und das beginnt schon damit, unsere Single-Freundinnen und -Freunde nicht mehr reflexhaft mitleidig anzusehen und auch uns selbst mal ganz ehrlich zu befragen, ob wir uns wirklich unwohl als Singles fühlen oder das nicht das Gefühl ist, das einem eben am nächsten lag, weil das gemeinhin gedacht wird. Und es geht weiter damit, kinderlose Frauen nicht mehr in Sachen Lebensglück belehren zu wollen oder jungen Mädchen beizubringen, sie müssten sich Liebe erst verdienen, indem sie lieb und nett sind und sich schön zurechtmachen. Was im Übrigen auch die Angst vorm Scheitern nimmt, den Perfektionsdruck ablässt, mutig macht.

Immer diese Idee davon, dass Veränderung uns erst einmal etwas Böses will, weil damit das, was ist, kritisch hinterfragt wird und das unbequem ist. Diese Idee, dass Anstrengung immer erst die Abwägung braucht, ob wir dadurch nicht doch etwas verlieren. Bloß nichts wagen, wenn Verlust droht, wenn es rattern könnte im System. Immer diese Angst, dass man das Beste doch schon erreicht hat und jeder Zentimeter vor in ein schlechteres Jetzt führen könnte. Dabei gewinnen und verlieren wir doch nicht, wenn wir uns mal über den eigenen Tellerrand wagen, wenn wir uns von der Idee, dass ein Leben auf eine Ehe und Kinder ausgerichtet sein muss, befreien. Denn damit befreien wir unsere Gesellschaft ganz sicher nicht von Beziehungen, Ehen und Kindern, sondern von Menschen, die mit sich hadern, weil sie anders leben, als ihnen das aufgetragen oder von einer Mehrheit vorgelebt wurde. Lebensglück gibt es nun einmal in aller Vielfältigkeit, wenn man sich denn darauf einlässt. Und wenn man die Anstrengung unternimmt, Menschen, Frauen mal ohne die von Gott und dem Patriarchat gegebenen Label zu betrachten – diese Anstrengung dürfen wir uns und allen anderen durchaus zumuten. Vielleicht beginnt es aber vielmehr nicht mit dem Blick auf die anderen, sondern mit dem auf uns selbst. Wenn wir endlich in aller Konsequenz unsere Bedürfnisse, unser Wissen, unsere Stärke, unsere Wahrheit und unsere Erfahrungen leben, einbeziehen, ernst nehmen und vor allem kundtun, dann kann die Welt für jeden Einzelnen nur besser werden. Vor allem aber für uns selbst. Und um nichts anderes kann es gehen. Es kann um nichts anderes gehen als darum, unsere eigene Geschichte endlich in unseren eigenen Worten erzählen zu dürfen und sie nicht mehr von anderen, von einem System aus Normen, das zu viele ausschließt, bestimmen zu lassen.

Danksagung

Ich danke Marion Acker, Ronja Brier, Yann Bachmann und meiner Familie fürs Zuhören, Sprechen und eure Unterstützung während der Arbeit an diesem Buch. Ein besonderer Dank auch an meine Agentin Imke Rösing und meine Lektorin Doreen Fröhlich. Und an Helen Hahne, Lisa Seelig und Teresa Bücker fürs Bestärken und Rückenfreihalten.

Und nicht zuletzt bin ich dankbar für all die vielen klugen Frauen um mich herum, die immer wieder die richtigen Fragen aufwerfen und wichtige Antworten geben.

Zitate mit freundlicher Genehmigung
der Rechtegeber

Seite 65:
!!! (Chk Chk Chk): *All my heroes are weirdos.* In. Myth Takes.
© 2007 Warp Records Limited 2007

Seite 87:
Tocotronic: *Alles, was ich immer wollte, war alles.*
In: Die Unendlichkeit. Musik + Text: Arne Zank,
Dirk von Lowtzow und Jan Klaas Mueller
© 2017 Edition Elster
Mit freundlicher Genehmigung der
Hanseatic Musikverlag GmbH

Seite 103:
Rupi Kaur: *legacy.* In: The sun and her flowers. Kansas City:
Andrews McMeel Publishing 2018, S. 213.

Seite 121:
Devendra Banhart: *Wake Up, Little Sparrow.* In: Niño Rojo
2004. © FORSTER MUSIC PUBLISHER INC.
© Songwriting by Ella Jenkins

Um die ganze Welt des
GOLDMANN-*Sachbuch*-Programms
kennenzulernen, besuchen Sie uns doch
im Internet unter:

www.goldmann-verlag.de

Dort können Sie
nach weiteren interessanten Büchern **stöbern**,
Näheres über unsere **Autoren** erfahren,
in **Leseproben** blättern, alle **Termine** zu Lesungen und
Events finden und den **Newsletter** mit interessanten
Neuigkeiten, Gewinnspielen etc. abonnieren.

Ein **Gesamtverzeichnis** aller Goldmann Bücher finden
Sie dort ebenfalls.

Sehen Sie sich auch unsere **Videos** auf YouTube an und
werden Sie ein **Facebook**-Fan des Goldmann Verlags!